悟本·体验·成长

——幼儿园传统文化主题教育活动课程

张春丽　李素英◎主编

燕山大学出版社
·秦皇岛·

图书在版编目（CIP）数据

悟本・体验・成长：幼儿园传统文化主题教育活动课程 / 张春丽，李素英主编．—秦皇岛：燕山大学出版社，2021.8（2026.1重印）

ISBN 978-7-5761-0210-9

Ⅰ. ①悟… Ⅱ. ①张… ②李… Ⅲ. ①中华文化－教育活动－教学设计－学前教育 Ⅳ. ①G613.2

中国版本图书馆 CIP 数据核字（2021）第 154076 号

悟本•体验•成长

幼儿园传统文化主题教育活动课程

张春丽　李素英　主编

出 版 人：陈　玉
责任编辑：张　蕊
封面设计：方志强
出版发行：燕山大学出版社 YANSHAN UNIVERSITY PRESS
地　　址：河北省秦皇岛市河北大街西段 438 号
邮政编码：066004
电　　话：0335-8387555
印　　刷：廊坊市印艺阁数字科技有限公司
经　　销：全国新华书店

开　　本：787mm×1092mm　1/16　　印　张：14　　字　数：282 千字
版　　次：2021 年 8 月第 1 版　　印　次：2026 年1 月第2 次印刷
书　　号：ISBN 978-7-5761-0210-9
定　　价：65.00 元

编　委　会

主编：

张春丽　李素英

编委：（按姓氏笔画排列）

王　霜　王婧雯　吕建伟　刘　骁　刘　阔　刘建颖
刘婷婷　齐萍萍　孙　冉　孙　雪　孙阳阳　杜欣欣
李　彤　李兵兵　杨晓昆　辛　慧　张　凡　张晓姝
张婷婷　周　敏　赵　越　唐秀梅　韩　怡　韩　爽

序　言

节日，是指生活中值得纪念的重要日子，是世界人民为适应生产和生活的需要而共同创造的一种民俗文化，也是世界民俗文化的重要组成部分。我们中国历来十分重视传统节日，通过独特的方式庆祝。这些传统节日充分反映了我们国家的文化精髓、民族风情、宗教信仰。因此，近年来秦皇岛市山海关区古城幼儿园借助古城深厚的文化底蕴和丰富的历史背景，科学利用传统节日的教育资源，深度挖掘其教育意义，积极探索开展主题教育活动课程。

主题名称，凸显特色

山海关古城幼儿园围绕大主题名称——“托节学礼、开蒙养正、做人有根”开展主题特色活动。如：三月开展“龙头聚首，自信相伴”主题教育活动，四月开展“共忆清明，惜时相伴”主题教育活动，五月开展“君子立品，德才相伴”主题教育活动，六月开展“谨言慎行，谦虚相伴”主题教育活动，九月开展“团圆明理，践行相伴”主题教育活动，十月开展“爱满重阳，感恩相伴”主题教育活动，十一月开展“诚实守信，快乐相伴”主题教育活动，十二月开展“岁岁迎春，文明相伴”主题教育活动。在月主题名称下设定了各年龄班的主题名称，本着形式与内容相结合的原则，既有侧重点又体现出层次性。

环境打造，润物无声

环境和主题，两者密不可分。环境是为烘托主题而创设的，主题必须依靠环境才能深入、具体地开展。因此，山海关古城幼儿园通过创设立体多元的环境，让主题更显直观。

山海关古城幼儿园中处处彰显出浓郁的传统文化气息。既凸显了“形式为内容服务”这一原则，又让孩子们体验着“沉浸式”的传统生活。教师秉承“以幼为本”的教育理念，抓住幼儿兴趣点，重视环境在组织实施中的作用和孩子经验的提升，让环境发挥着潜移默化的教育价值。

集体教学，内容广泛

在知识体系的呈现上，我们将多领域内容相结合，注重深度和广度。在集体教学中，课程分为传统节日的实践课程、《弟子规》学习课程、传统节日与《弟子规》相融合的综合课程三种类型。通过这些不同类型的主题活动课，让孩子们从小就对我们的民族文化产生浓厚兴趣，帮助孩子们养成良好的习惯，培养其优秀品质。

游戏活动，贯穿主题

“游戏”是幼儿园的基本活动形式，所以山海关古城幼儿园以“弘扬中华传统文化教育”为主线，建构了主题突出、特色鲜明的区域游戏活动。每月围绕大主题的活动创设个别化游戏，更换和创新游戏内容，真正让孩子们在活动中有所收获。围绕“榆关古城”这个大主题开展角色游戏，通过丰富多彩的游戏，体现主题活动中的内容，让孩子们在游戏中真正体验和感受传统文化的特有魅力。围绕“西游大通关”整体构建户外混龄活动，并且根据节日习俗等更新游戏形式和内容。山海关古城幼儿园通过情景与主题的融合、内容与主题的整合，将传统文化融入幼儿园的日常生活中，让孩子们感觉传统文化不是晦涩难懂的，它们离孩子们并不遥远。

实践活动，开拓视野

俗话说，“实践出真知”。幼儿园中的实践活动是教育教学内容的重要组成部分，也是集体教学的延伸。它让孩子们开阔了视野，增长了见识，获得了体验，使孩子们的综合能力得到了更全面的发展。山海关古城幼儿园根据节日习俗，组织开展了形式多样的主题教育活动，如：春龙节的“龙头聚首 自信相伴”开笔礼活动，清明节的“播种绿色 感受自然”种植活动，端午节的“诵经典、演经典、立品行”亲子活动等。这些活动的开展，不仅可以让孩子们体验其中的快乐，感受传统文化的内涵，更提高了他们的综合与实践能力。

日常活动，内化于行

“纸上得来终觉浅，绝知此事要躬行。”让幼儿习得的知识与方法通过日常生活加以落实，内化于行为之中，才能发挥出教育的作用与价值。山海关古城幼儿园将传统文化教育融入了孩子们的日常生活中。如：每周各班都会依据评选方案评选出“礼仪小标兵”，利用榜样示范作用激励孩子们学说礼貌用语，规范其言行举止。将对孩子们的自理能力的培养贯穿于一日生活中，并定期开展“整理学习用品”“穿衣小达人”“我会用餐具”等活动，通过赛制的形式提高与延伸。每月主题活动中，各年龄班还会开展不同的主题教育活动。如：四月开展的“共忆清明，惜时相伴”活动让孩子们学会珍惜时间，爱上阅读。

家园互动，共育并行

要让孩子们富有个性地发展，单靠幼儿园的教育是难以实现的，幼儿园、家庭必须携手共育，才能创建有助于幼儿身心发展的良好环境。因此，在每次开展主题活动前，我们会在家园共育栏张贴家长须知，通过线上与线下多种形式告知家长相关主题活动内容，使每位家长能够了解幼儿园现阶段的具体活动，得到家长的支持与配合。我们通过家长助教、家长学校、家长沙龙等活动，让家长亲自参与教育过程，并通过“行为力行表”让家长监督幼儿在家的表现，及时了解幼儿在园所学内容。每个主题结束后，老师会结合幼儿在园和在家表现填写“发展评估表”反馈给家长，真正达到幼儿园与家庭携手共育的目的，帮助孩子养成好习惯，做到持之以恒。

几分汗水，几分收成，几多付出，几多收获！我园积极弘扬中华传统文化，开展特色主题活动，我们仍在探索、创新的道路上前行。古城幼儿园在开展以传统文化为主题的教育活动中，得到了各级领导的关心和广大教师的积极参与，大家无私奉献，为之付出了大量心血，本书更是大家集体劳动与智慧的结晶。希望通过我们的努力，可以把传统文化的种子留在孩子们心中，让孩子们在传统文化的沃土中茁壮成长！

在主题教育研究过程中，我们得到了秦皇岛市教科所学前教育专家李素英老师的亲历指导与帮助；在主题设计与实施过程中，得到了山海关区教体局学前教育科周敏科长、杨晓坤副科长的支持与鼓励。在此一并表示衷心感谢！

本书之特色所在

作为幼儿园主题教育活动指导用书，本书充分体现了我园传统文化特色的发展内涵。同时，兼顾教师的“教”与幼儿的“学”两方面需求，在课程的编写与结构的设计上均有创新和突破，这也是本书的特色与亮点。每个主题活动的创设与开展都是以大主题为依托，分别按照小、中、大三个年龄段设计，在主题目标制订上体现了健康、语言、社会、科学和艺术五大领域内容，具有综合性。活动内容涵盖主题介绍、主题网络图、主题目标、环境创设、家园共育、教学活动、游戏活动等，较好地构建了一个系统完善的主题教育框架和知识体系，具有广泛性。在活动组织上，通过环境创设、家园共育、教学活动等诸多方面，形成良性的指导与沟通，具有互动性。本书中每个主题活动独立存在，构架清晰完整，部分活动和实例通过图文并茂的形式呈现，既有经验总结又有大量的指导建议，便于教师使用和再次创新，具有延展性。

我们通过挖掘丰富的传统文化资源，制订科学合理的活动方案，采取多样的形式，全面分析总结，使本书更好地体现了其价值，希望为幼教同人提供一定的帮助和指导！

目　录

游戏活动篇

实践活动篇

园所环境篇

课 程 简 介

缘起

主题教学活动的开展，能为孩子提供无限广阔的学习内容。因此，在秦皇岛市幼儿园整体推进课程改革进入第三阶段——“课程整合，全面把握”时，我园紧跟市学前教育教研的步伐，成立了以园长为组长的教研团队，通过点线面结合式和横纵双向网格式的教研模式，本着“一个中心、两个切入点、三项基本原则”的整体谋划，开展主题教育活动。

主题活动的由来——一个中心（传统文化）

传统文化一直是中国文化的主流思想，是民族的灵魂、文明的根基，因此我园借助得天独厚的地理位置（山海关古城之中）和外部环境（仿古建筑），着力提升家长、幼儿的文明素养。建园伊始就确定了“弘扬中华传统文化，走礼仪发展之路”的办园目标，旨在培养幼儿、家长和教师知礼、懂礼、学礼、用礼。在几年的实践过程中，我们逐步完善，将办园目标调整为“弘扬中华传统文化，走特色内涵发展之路”。教育部部长陈宝生曾在两会时多次提及传统文化进校园要涵盖各个学段，融入教材体系，贯穿人才培养全过程。基于此，我们在主题确定上，以“传统文化”为特色主线整体规划，将主题教学作为补充课程，打造特色主题活动，弘扬经典传统文化。

主题活动的发展——两个切入点（传统节日 + 弟子规）

一、找准切入点，确定园本主题活动

我园秉承“根植传统文化沃土，传承国学经典文化，规范日常行为礼仪，常怀孝亲感恩之心”这一办园特色，于 2013 年 9 月开设了国学课程——“弟子规”。2016 年年初，在秦皇岛市教科所学前室推进主题教学改革时，我园从“传统文化”这一理念出发，借鉴和引用传统节日蕴含的丰富教育资源和内涵，确立了以“中国传统节日”——春龙节、清明节、端午节、中秋节、重阳节、春节为主题的节日活动。2016 年年底，经秦皇岛市教科所学前室李素英老师的调研指导，并结合我园现状，对活动主题重新定位，将《弟子规》与传统节日作为切入点有机整合，通过主题活动学习《弟子规》，并结合节日形式体现在日常生活中，最终确定了园本主题——“托节学礼，开蒙养正，做人有根”。

二、梳理《弟子规》，确定各年龄班主题名称

《弟子规》原名《训蒙文》，以《论语·学而》中“弟子入则孝，出则悌，谨而信，泛爱众，而亲仁，行有余力，则以学文”为总纲要。在内容的选取与划分上，我们本着“穿古圣先贤之履，走现代创新之路”的思想，根据幼儿的年龄特点，结合现代社会的相关礼仪，从《弟子规》中筛选出104则，并按照其内容和节日相符的情况划分为8个部分。

主题活动的开展——围绕三项基本原则

一、目标统领原则

目标是纲领也是指向。我们围绕《弟子规》的内容结合节日主题开展教研，在制订目标时，我们力争做到全面性、针对性、层次性、可操作性。

二、网络统筹原则

在内容划分、目标确定的基础上，我园组织各年龄班绘制主题网络图，统筹安排各项活动，其中包含集体教学、区域游戏、日常行为、实践活动、家园共育、环境创设等方面，并且我们会在设定上预留一定的空间。

三、活动统合原则

主题教学活动是将各项活动统合在一起，成为互为补充、互为促进的一项综合活动。因此，我园从多方面开展主题教育活动。

主题教育活动篇

龙头聚首 自信相伴

——三月主题教育活动

活动目标

“春龙抬头　衣冠整洁”主题教育活动目标

班级：小班组

主题释译	【晨必盥，兼漱口。便溺回，辄净手。】出自《弟子规》中的“谨”篇：清晨起床后，必须洗脸漱口；上了厕所后，要把手洗干净 【置冠服，有定位。勿乱顿，致污秽。】出自《弟子规》中的“谨”篇：脱下来的帽子和衣服要放在固定的地方，不可以到处乱放，以免把衣帽弄脏 【春龙节】每年的农历二月初二，是处于雨水、惊蛰和春分之间的传统节日，又称青龙节、龙头节、二月二、春耕节等。春龙节这一天饮食多以“龙”为名，如吃水饺叫吃“龙耳”，吃馄饨叫吃“龙眼”，吃春饼叫吃“龙鳞”。旧时曾有句民谚“二月二，龙抬头，大仓满，小仓流”，预示来年五谷丰登。这一天很多人都去理发，叫“剃龙头”，希望可以鸿运当头。这些习俗寄托着人们祈龙赐福、保佑风调雨顺、五谷丰登的美好愿望。除此，“春龙节”还有逛庙会、开笔礼等活动
活动目标	1. 让孩子们知道春龙节是中国的传统节日，了解剃龙头是春龙节的传统习俗 2. 让孩子们喜欢上春龙节的故事，跟读春龙节的童谣，感受童谣的韵律美。了解春回大地、万物复苏的变化 3. 让孩子们初步了解龙须面、春饼是春龙节的美食，尝试制作与品尝。知道饭前要洗手，养成良好的卫生习惯 4. 让孩子们参与春龙节艺术活动，尝试用不同的形式表达音乐内容，体验音乐活动带来的乐趣 5. 让孩子们参与逛庙会活动，知道逛庙会是春龙节习俗之一，体验节日带来的乐趣 6. 让孩子们理解认读“置冠服，有定位。勿乱顿，至污秽”的意义，知道自己的衣物要放在固定的位置，逐步养成衣物放置有定位的习惯

“春耕播种　勤劳自信”主题教育活动目标

班级：中班组

主题释译	【置冠服，有定位。勿乱顿，致污秽。】出自《弟子规》中的“谨”篇：脱下来的帽子和衣服要放在固定的地方，不能到处乱放，以免把衣帽弄脏 【冠必正，纽必结。袜与履，俱紧切。】出自《弟子规》中的“谨”篇：帽子一定要戴端正，衣服和纽扣要系好，袜子和鞋子也要穿得整整齐齐 【春龙节】每年的农历二月初二，是处于雨水、惊蛰和春分之间的传统节日，又称青龙节、龙头节、二月二、春耕节等。春龙节这一天饮食多以“龙”为名，如吃水饺叫吃“龙耳”，吃馄饨叫吃“龙眼”，吃春饼叫吃“龙鳞”。旧时曾有句民谚“二月二，龙抬头，大仓满，小仓流”，预示来年五谷丰登。这一天很多人都去理发，叫“剃龙头”，希望可以鸿运当头。这些习俗寄托着人们祈龙赐福、保佑风调雨顺、五谷丰登的美好愿望。除此，“春龙节”还有逛庙会、开笔礼等活动

（续表）

活动目标	1. 初步了解春龙节的来历，知道爆玉米、剃龙头、舞龙等春龙节习俗，懂得其寓意 2. 知道春龙节又称春耕节，认识不同耕地工具，理解农民劳动的辛苦，感受工具给农民劳作带来的便利 3. 知道春饼、驴打滚、油炸糕是春龙节的特色美食，理解其寓意并尝试制作，体验与家人共享美食的乐趣 4. 喜欢参加与春龙节相关的艺术活动，尝试用不同形式表现对节日的喜爱，感受节日带来的快乐氛围 5. 理解诵读“冠必正，纽必结。袜与履，俱紧切”，知道穿戴整齐会使自己及他人感觉舒适 6. 理解诵读“置冠服，有定位。勿乱顿，致污秽”，知道衣物放置要有固定的位置，懂得衣物不能乱堆乱放

“春龙修身　自信相随”主题教育活动目标

班级：大班组

主题释译	【衣贵洁，不贵华。上循分，下称家。】出自《弟子规》中的“谨”篇：穿的衣服贵在整洁大方，而不在于多么华丽，要符合自己的身份，还要和自己的家庭条件相适合 【事勿忙，忙多错。勿畏难，勿轻略。】出自《弟子规》中的“谨”篇：做事情不能太匆忙，匆忙时最容易出现差错，做事不要害怕困难，应该知难而进，不要马虎草率 【春龙节】每年的农历二月初二，是处于雨水、惊蛰和春分之间的传统节日，又称青龙节、龙头节、二月二、春耕节等。春龙节这一天饮食多以“龙”为名，如吃水饺叫吃“龙耳”，吃馄饨叫吃“龙眼”，吃春饼叫吃“龙鳞”。旧时曾有句民谚“二月二，龙抬头，大仓满，小仓流”，预示来年五谷丰登。这一天很多人都去理发，叫“剃龙头”，希望可以鸿运当头。这些习俗寄托着人们祈龙赐福、保佑风调雨顺、五谷丰登的美好愿望。除此，“春龙节”还有逛庙会、开笔礼等活动
活动目标	1. 知道春龙节的起源；能准确说出春龙节的时间、别称及所处的节气 2. 喜欢欣赏和阅读与春龙节相关的故事、古诗，了解其含义，感受春龙节的热闹景象 3. 知道春龙节吃龙食的传统习俗，了解其意义，知道健康饮食，养成良好的饮食习惯，创意制作并懂得与人分享 4. 欣赏春龙节相关的乐曲、歌曲，能用自己喜欢的肢体动作大胆进行表现，体验民间传统节日的欢乐气氛 5. 了解春龙节“开笔礼”传统活动的意义，知道尊师好学、崇德立志是中华传统美德 6. 理解认读“衣贵洁，不贵华。上循分，下称家”，知道穿衣贵在整洁，懂得衣冠整洁是对他人的尊重 7. 理解颂读“事勿忙，忙多错。勿畏难，勿轻略”，知道做事不匆忙，遇到困难不畏惧

活动选编

古城幼儿园三月主题教育活动名称

龙头聚首 自信相伴（三月）	春龙抬头　衣冠整洁（小）	春耕播种　勤劳自信（中）	春龙修身　自信相随（大）
	春龙知习俗	巧法助春耕	春龙识历法
	春饼圆又香	春龙爆玉米	龙食祈福运
	春龙扶龙须	一起做春饼	传唱中国龙
	二月剃龙头	剃头工具多	开笔学做人
	盥洗及时做	穿戴重细节	做事需稳重
	物品有定位	整理有方法	穿衣要得体
	庙会热闹多	二月舞春龙	春龙景象美

春饼圆又香（小班）

活动目标：

（1）了解春龙节吃春饼的意义，知道春饼是春龙节的美食之一。

（2）观察春饼，发现春饼的特点，尝试用团圆、压扁、擀的方法制作春饼。

（3）品尝食物前要洗手，养成良好的卫生习惯。

活动思路：

了解吃春饼的意义—观察发现饼皮特征—尝试动手制作饼皮—知道吃东西前要洗手—感受共品美食乐趣。

活动准备：

物品准备：课件（春饼相关视频、故事视频）、春饼实物、面团、擀面杖、面板等。

活动过程：

一、欣赏视频，了解吃春饼的意义

师：孩子们，春龙节又称二月二、龙抬头，为了庆祝这一天，你知道人们都做些什么，或者吃些什么吗？

师：刚才大家说了很多，春龙节有吃春饼、舞龙、剃龙头好多习俗，那你知道大家为什么要吃春饼吗？

师：大家说了这么多，让我们一起来听一个关于春龙节的故事，听一听故事里是怎么说的。（播放春龙节吃春饼相关视频。）

师：谁来说一说，春龙节大家都吃了什么？为什么要吃春饼？

师：在春龙节这一天人们会吃很多食物来庆祝，如吃猪头肉称“挑龙头”、吃面条是“扶龙须”。

师：春饼是春龙节的特色美食之一，而春饼又称“龙鳞”饼，二月二吃春饼也被叫作咬“龙鳞”，是因为春饼又圆又薄，形状好像鳞片，春龙节吃春饼寓意着新的一年大吉大利交好运。

二、观察实物，发现春饼的基本特征

师：今天我们的午餐正好是春饼，咱们一起来看一看厨房的阿姨是怎样制作春饼的？（播放制作春饼的视频。）

师：谁来说一说，你看到的春饼是什么样子的？

小结：春饼是圆圆的，很薄，春饼里面要卷一些喜欢吃的炒菜（韭菜、酸菜、豆芽菜、土豆丝）或者是肉。

三、制作饼皮，掌握制作饼皮的技能

师：我这有一些面团，还有一些小工具，想一想，试一试，可以怎么将小面团变成圆圆的饼皮呢？

给每个孩子一块面团，让他们尝试制作饼皮，探索将饼皮变圆的方法。

师：刚才我发现大家用了很多方法，谁来说一说，你是怎么做的？

师：大家的方法可真多，我们在制作的过程中要用到擀面杖，擀的时候要擀一下转一下，这样可以让饼皮更圆更薄。

大家再次制作春饼。

四、品尝春饼，感受共品美食的乐趣

师：香喷喷的春饼熟了，让我们一起来品尝吧！品尝前我们一起将小手洗干净。

（播放音乐，共食春饼。）

活动延伸：

在美工区投放春饼实物卡、橡皮泥、彩纸、模具供孩子们制作“春饼”。

穿戴重细节（中班）

活动目标：

（1）认识穿戴中的细节部分，知晓穿戴衣物要注意的细节。
（2）了解穿戴整齐的方法，尝试自己整理。
（3）理解诵读“冠必正，纽必结。袜与履，俱紧切”。
（4）养成穿戴整齐的好习惯，树立自信心。

设计思路：

知细节—懂方法—明意义—学经典—会整理。

活动准备：

物品准备：活动课件、镜子。
精神准备：幼儿有自主穿衣服的经验。

活动过程：

一、仔细观察，发现穿戴过程中出现的问题

师：我们刚进行了一次穿衣比赛，他们已经穿好了衣服，我们一起去看看。（展示多幅图片。）

师：你们发现了什么？

小结：你们观察得真仔细，穿衣物过程中有很多地方容易被我们忽视，像我们发现的纽扣、帽子等这些穿戴中的细节部分。

二、交流谈话，讲讲解决问题的方法

师：我们来想个好办法，帮他们整理一下吧！（逐一出示图片。）

1. 上衣的整理方法

师：这些衣服可以怎样整理呢？（个别幼儿交流。）

师：怎样才可以将扣子扣整齐？

小结：要将帽子的图案摆正，将衣领翻在外面，扣扣子时要依次将纽扣对准扣眼。

2. 下衣的整理方法

师：你想怎样进行整理？

小结：穿裤子的时候我们要将口袋掖好，并将秋衣掖进裤子里。裙子的裙摆要放到外面。

3. 袜子、鞋子的整理方法

师：还需要整理哪里？可以怎样做？

小结：鞋子的粘扣要粘好，鞋带也要系紧。穿衣物时，要整理好细节，穿戴整齐。

三、顺序观察，明确穿戴衣物的细节

师：当我们穿好衣物后，我们怎样才能知道是否穿戴整齐呢？

师：可以从哪里检查呢？

小结：穿上衣服后，可以按照从上到下或者是从下到上的顺序自己进行检查，或寻求他人的帮助，还可以来镜子前看一看。

四、观赏图片，认识注重细节的重要性

师：按照我们的方法，大家都检查和整理了自己的衣服，我们再来一起看一看吧。

师：你喜欢整理前的衣服还是整理后的衣服？为什么？

小结：衣物的细节真的很重要，穿戴中的一个小小细节就会影响衣服的整体效果。在外出和活动前，我们要将衣物穿戴整齐。穿戴整齐不仅美观也是对他人的尊重，而且可以避免发生危险。其实，我们生活中还有很多的细节，像我们进餐、递接物品等也都要注重细节。

五、随师诵读，理解穿戴衣物的要求

师：细节这么重要，那我们平时穿戴衣物的时候要怎样做呢？

师：这些方法真的很有用，《弟子规》中“冠必正，纽必结。袜与履，俱紧切”就是告诉我们帽子一定要戴端正，衣服纽扣要系好，袜子和鞋子也要穿戴得整整齐齐。

师：现在让我们一起来读一读吧。

小结：穿戴中我们应该注意帽子、扣子、鞋子、袜子。还有大家刚刚说到的衣领、裤子等细节。不同的衣服有不用的整理方法，希望大家都能做一个注重细节的好孩子。

六、自我整理，关注自身穿戴的细节

师：现在让我们也来自己检查一下我们的衣物吧，不要忘记检查方法哦！

小结：穿戴过程中，宝贝们不但能自己穿戴整齐，进行检查，还能帮助其他小伙伴，为你们点赞。

七、穿戴有序，相互检查彼此的穿戴

师：现在我们就一起将穿戴整齐的衣服展示出来吧！

师：孩子们，你们穿戴得真整齐，希望你们回到家中也能做到穿戴衣物注重细节，要穿得整整齐齐。

穿衣要得体（大班）

活动目标：

（1）观察不同种类的服装，尝试从不同角度分类并说出理由。
（2）知晓适宜穿衣的道理，懂得不要盲目攀比，养成勤俭节约的好习惯。
（3）倾听故事，理解诵读《弟子规》“衣贵洁，不贵华。上循分，下称家”。
（4）了解闲衣处理方法，感受二次创作之美。

设计思路：

交流已知服装—感知服装种类—依据场合穿衣—知晓穿衣道理—理解名句含义—学习处理方法—聊聊今后做法。

活动准备：

经验准备：了解常见的服装种类。

物品准备：课件、场景图、各种服装图片、人物图片、故事视频、不同种类的衣服若干、闲衣改造成品若干。

活动过程：

一、交流分享，说说自己知道的服装

师：宝贝们，生活中有很多衣服，你们都见过什么样的衣服？
师：还有吗？
生：防晒衣。
师：嗯，防晒衣是近几年才有的，它可以阻挡紫外线，保护我们的皮肤。
师：你再说说？
生：漂亮的纱裙。
师：咱们班的女孩子，都谁穿过纱裙？看来你们都喜欢纱裙。
师：女孩子穿纱裙的时候，男孩子都穿什么呀？
师：穿上这些衣服一定会很帅气！
师：谁还见过不一样的衣服吗？
生：我见过旗袍。

师：你见过旗袍啊！还有谁见过旗袍？

师：这么多人都见过呐，旗袍穿起来很美，它是我们中国女性的传统服装。

师：生活中的衣服太多了。

二、欣赏视频，感知不同种类的服装

1. 整理衣服

师：我们每个人的家里都有很多衣服，那怎么整理才能方便我们选择呢？

师：接下来我们就分组来整理衣架上的衣服。注意呀，完成后可要告诉大家你们是怎么整理的。孩子们，赶快行动吧！（幼儿操作。）

师：哪个小组先来说一说你们是怎么整理的？

师：你们组是按照颜色来进行整理的。这种颜色鲜艳的衣服适合在什么时候穿？像这种颜色单一、以黑白等素色为主的衣服适合在什么时候穿？

师：颜色鲜艳的衣服适合在过节、表演节目、拍照的时候穿。素色的衣服可以在扫墓的时候穿。

师：这是哪组整理的？

师：嗯，大家按照款式将运动服进行了整理。

师：运动服你们都在什么时候穿过呀？

师：这些衣服适合在做运动的时候穿，因为它方便活动。

师：我们再来看看这组整理的衣服，这是怎么整理的？

师：薄的适合什么时候穿？厚的呢？

师：我们更多的时候是按照季节来整理。

师：最后一组是怎么整理的？

师：是按照性别的不同来整理的。

小结：大家都能按照一定的特征将衣服进行整理，按颜色、按季节、按款式、按性别都可以。

2. 了解种类

师：其实整理的方法还有很多，你们看一看我是怎么整理的。（播放课件。）

师：谁发现我是怎么整理的？

师：我是按照衣服的种类进行整理的。

师：这些不同种类的衣服有什么特点呢？让我们一起来看一看吧。（播放课件。）

师：你发现这些衣服有什么特点？

师：正装大多是深色的，穿起来很合身，精致的立领也会显得人非常精神。

师：礼服有什么特点呢？

师：颜色亮丽，装饰精美的礼服，穿在身上非常高贵、大方。

师：那正装和礼服都适合什么时候穿呢？

小结：就像大家刚才说的，正装和礼服适合参加庆典、婚礼、毕业典礼等这种大型活动的时候穿。

师：那你们知道休闲装的特点吗？

师：生活中我们更多的时候穿的是休闲装，因为它宽松、舒适，可以随意搭配。

师：大家看看你们自己穿的是哪一类衣服？

师：你这也是休闲装的一种。看来在幼儿园也适合穿休闲装。

三、动手操作，了解不同场合的穿衣

师：不同种类的衣服适合不同的场合。那我的朋友们要去参加一些活动，接下来请大家根据场景帮助他们挑选出一套适合的衣服。快去试试吧！（自由选择场景并搭配服装。）

师：完成的宝贝们回到座位后可以和身边的小伙伴说一说你挑选的衣服是什么样的，适合什么场合穿。

师：谁先来说一说你挑选了什么样的衣服？适合在什么时候穿？

师：嗯，精美的礼服能吸引别人目光，适合参加联欢会时穿。

师：还有谁挑选了适合在联欢会穿的衣服？你们挑选的衣服跟他们一样吗？

小结：我们在参加联欢会时更适合穿庄重的正装和精美的礼服。

师：都有谁挑选了适合扫墓时穿的衣服？你挑选了什么样的衣服？

师：素色的衣服适合在扫墓、悼念的时候穿，这是对已故人的尊重和哀悼。

师：选择扫墓场景的小伙伴们，你们的衣服都选对了吗？

师：在家又适合穿什么呢？

师：家居服更适合在家穿，但是大家要注意哦，家居服有些随意，不适合外出。

师：运动场上你们都挑选了什么样的衣服？

师：像这种不同的季节我们又该穿什么呢？

小结：看来大家都能够根据场合挑选合适的衣服，这也是适宜穿衣的一种表现。

四、倾听故事，知晓适宜穿衣的道理

师：除此之外，平时穿衣我们还应该注意些什么？我们一起来看个小故事吧！（倾听故事。）

师：你觉得他们的衣服适合明天的活动吗？为什么？

师：就像大家说的，运动服这种宽松、舒适的衣服适合远足时穿。

师：蒙蒙选对了，大家怎么还嘲笑她呢？（蒙蒙穿了一件很旧的运动服。）

师：如果你是蒙蒙的好朋友还会嘲笑她吗？为什么？

小结：穿衣服时要注重衣服的干净、整洁，也要挑选符合场合、家庭条件的衣服，不要与人攀比。

五、随师诵读，理解经典句子的含义

师：刚刚这个故事告诉我们的道理就是《弟子规》中所说的“衣贵洁，不贵华。上循分，下称家”。意思是说我们穿衣服贵在整洁大方，而不在于多么华丽，既要符合自己的身份，也要符合自己的家庭条件，不要与人攀比。

师：请大家跟我一起读一读。

小结：宝贝们你们读得真整齐。短短一句话告诉我们这么多的道理。做到“衣贵洁，不贵华。上循分，下称家”，这样穿衣才是适宜得体的。

六、小组讨论，商定闲衣的处理方法

1. 商讨方法

师：随着我们年龄的增长和时代的变化，每个人都会有一些闲置或不能穿的衣服，这些衣服该如何处理呢？请你跟身边的小伙伴说一说。（小组讨论。）

师：你们都想到了什么好办法？

师：哇，你还知道旧衣回收箱呢，旧衣回收箱会把衣服送到需要的人手里。

小结：我们可以将不穿的衣服送人或捐赠，这都体现了我们对他人的关爱。我们还可以将旧衣进行改造，二次利用，这也是勤俭节约的好做法。

2. 闲衣改造

师：今天我也带来了一些用旧衣改造的物品，宝贝们，请你们仔细看哦。（出示实物。）

师：这是什么？猜猜它是用什么做的？

师：我把不穿的牛仔裤改成了漂亮实用的小背包。

师：除了这些还有很多，我们一起来看一看吧。（出示图片。）

师：我们通过裁剪、缝合、装饰不仅可以将旧衣服制作成手套、抱枕等物品，还可以将它们变成新衣服。

小结：原来闲置的衣服有这么多的用处呀，改造以后变得更加实用、美观了。大家在区域活动的时候可以去试一试。

七、相互谈话，讲讲自己今后的打算

师：今天我们学习了《弟子规》中“衣贵洁，不贵华。上循分，下称家”这句话，那今后我们该怎么做呢？

师：今天学习了很多旧衣的处理办法，以后该怎么做呢？

师：在挑选衣服的时候呢，我们又该怎么做？

小结：适宜穿衣不仅是一种礼仪也是对他人的一种尊重。回到家后，别忘了告诉爸爸妈妈适宜穿衣方得体。

延伸活动

分类辨正误（小班）

游戏目标：

能够辨别图中人物的行为对错，懂得讲卫生的重要性。

游戏材料：

人物行为图片、兔子图片、狼图片。

游戏玩法：

观察图片，分辨图卡中行为的对、错，准确地将正确的行为图片放在小兔子的口中，把不正确的行为图片放在狼的口中。

节奏练习曲（小班）

游戏目标：

与同伴合作，尝试用自己喜欢的乐器为歌曲《讲卫生》伴奏，体验合作表演的快乐。

游戏材料：

各种小乐器、歌曲图谱。

游戏玩法：

听歌曲《讲卫生》，根据节奏图谱，自选喜欢的小乐器进行插卡游戏，利用自己选

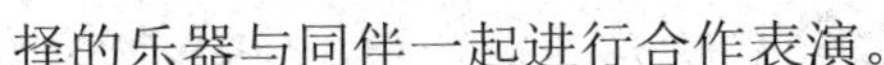

择的乐器与同伴一起进行合作表演。

欢乐穿龙尾（中班）

活动目标：

了解春龙节穿龙尾的习俗，能够用穿、打结等多种方法制作不同造型的龙尾，体验创作的快乐。

活动材料：

针、线、小圆布片、小段吸管、细布条。

活动玩法：

（1）欣赏多种龙尾图片，依据方法步骤图，学习针的使用方法。
（2）根据自己的想法选择适合的材料，创意穿龙尾。

美味的春饼（中班）

活动目标：

了解春饼的制作方法，尝试制作春饼。

活动材料：

春饼的实物图片、彩纸、剪刀、橡皮泥。

活动玩法：

欣赏春饼图片，依据方法步骤图了解春饼的制作方法，用揉、团、压、卷等方法制作春饼。

春龙节的故事（大班）

活动目标：

理解图书内容，完成学习单，能够用清晰、完整的语言进行讲述。

活动材料：

绘本图书、学习单、水彩笔。

活动玩法：

阅读《春龙节》绘本故事，理解图书内容，完成学习单，能够用清晰、完整的语言大胆讲述故事。

神奇的龙（大班）

活动目标：

欣赏不同形态的龙，能够用自己喜欢的方式进行临摹或创作，感受中国传统神兽的魅力。

活动材料：

彩纸、彩笔、胶棒、剪刀、粘贴等。

活动玩法：

寻找不同形态龙的图片插入欣赏区域，观察龙的不同形态，运用学过的绘画技法在白板上临摹或创作。

周回忆

温故知新
主题名称：
春龙修身 自信相随
班 级：
姓 名：
日 期：
亲爱的小朋友们：
一周的快乐生活又结束了，这一周我们认识美味的“龙食”，知道了不同“龙食”所代表的含义，现在让我们一起来回顾一下吧！
我们还认识了不同种类的“龙食”，春龙节你都吃了哪些“龙食”？请你圈出来吧！
（龙须面）
（馄饨）
（春饼）
（饺子）
（猪头肉）
（米饭）
你知道这些美味的“龙食”都代表“龙”的哪些部位吗？请你连一连吧！
（龙须面）
（馄饨）
（饺子）
（春饼）

一周收获多
主题：春龙抬头 衣冠整洁
班级：
姓名：
亲爱的宝贝们，你对二月二龙抬头了解多少，让我们做个回顾吧！
春龙节有一项有趣的活动——“逛庙会”，请和爸爸妈妈说一说在逛庙会中都看到了什么？
我看到的：
除了这些你还知道什么？
这一周我们学习了“晨必盥，兼漱口，便溺回，辄净手”的基本礼仪行为。
（用笔圈出来）

家园共育

家园连心桥

——致家长的一封信

亲爱的家长朋友们:

您好!

春天的脚步已悄然走近，在这暖暖的春日中我们将和孩子们一起开启新的旅程，迎接我国传统佳节——春龙节。这次主题活动的名称为“春龙抬头 衣冠整洁”，目标是让孩子们感受传统节日的魅力，并从中理解《弟子规》中“晨必盥，兼漱口。便溺回，辄净手”和“置冠服，有定位。勿乱顿，致污秽”的意义。

小班幼儿对新鲜事物具有强烈的好奇心，喜欢向成人提出各种各样的问题；他们爱听故事、学童谣，能安静地听别人讲故事；同时他们爱模仿，喜欢与人交往，动作也开始协调。因此，我们将结合小班孩子的年龄特点与发展水平，开展欣赏故事、诵读童谣、做龙须面、二月二剃龙头、共品春饼、开心逛庙会等活动。通过这些活动的开展，使孩子们了解关于春龙节的习俗，认识春龙节的特色食物，让他们在春龙节的实践活动中培养良好的个人卫生和良好的行为习惯。

为了使孩子们更好地了解春龙节，感受节日的快乐，请您陪伴孩子一起逛逛庙会、尝尝春龙节特色美食、讲讲关于春龙节的故事，相信您在这些活动中一定会体验到春龙节的快乐和浓浓的亲子情，看到孩子的成长!

让我们一起走进《春龙抬头 衣冠整洁》主题活动中吧!

小班教师敬上

“龙头聚首 自信相伴”主题教育活动家园共育计划

主题名称	春龙修身 自信相随（大班）	
项目	内容	实施途径
利用家长资源	1. 请家长与孩子在家中共同查阅、搜集有关春龙节的节日特点和民俗活动，在开展主题教学活动时，将所搜集的图片、故事、儿歌等与小伙伴们交流分享	翻阅书籍、网络搜索
	2. 在日常生活中，请家长和孩子多关注春龙节的特色美食，了解其代表的含义，知道食物的做法、所需食材和营养成分，丰富孩子的知识经验，方便开展主题教学活动	翻阅书籍、网络搜索、实践操作
	3. 请家长与孩子在休息时间多欣赏关于春龙的绘画、手工作品，尝试用喜欢的方式绘画或制作关于春龙的作品，并与小伙伴们共同欣赏	网络搜索、实践操作
	4. 在日常生活中，家长应告诉孩子要养成勤洗手、多喝水、不挑食、多锻炼、不吃生冷食物、不去人多的地方玩等预防春季传染病的小常识，提高孩子的身体素质及自我保护能力	经验分享
开展亲子活动	1.“二月二 龙抬头”逛庙会活动。请家长和幼儿共同参加“二月二 龙抬头”逛庙会活动，了解春龙节庙会的特点和各种民俗活动，感受庙会的喜悦氛围 2.“开笔礼”摄影活动。请家长和幼儿共同参与“开笔礼”活动，体验表演的快乐，增进亲子感情，在孩子成长的过程中留下温馨美好的回忆	表演活动、民俗体验

共忆清明 惜时相伴

——四月主题教育活动

活 动 目 标

“清明踏春　爱书会读”主题教育活动目标

班级：小班组

主题释译	【读书法，有三到。心眼口，信皆要。】出自《弟子规》中的“余力学文”篇。眼到、口到、心到。读书要专注，专注才能够深入领会文章的意思，如此方能收到事半功倍的效果 【列典籍，有定处。读看毕，还原处。】出自《弟子规》中的“余力学文”篇：书籍课本应分类，排列整齐，放在固定的位置，读诵完毕须归还原处 【清明节】每年的4月5日，又叫踏青节，是中国传统节日，也是最重要的祭祀节日之一。清明节的习俗有很多，其中有踏青、插柳、放风筝、蹴鞠等。清明正是春光明媚、草木吐绿的时节，也是人们春游（古代叫踏青）的好时候，所以有清明踏青的习俗。清明节是最重要的祭祖节日，进行“祭之以礼”的追远活动，为已逝的亲人、祖先，庄重地送上自己的思念与敬意。同时，清明节有品寒食、吃青团等食俗，流传至今
活动目标	1. 理解清明节的习俗，知道清明节是祭祖的日子，了解简单的祭祖方式 2. 喜欢听清明节的故事，跟读清明节的童谣，感受童谣韵律美，尝试用绘画、表演等方式来表达自己对祖先的思念与敬意 3. 初步了解青团是清明节的祭祀食物，尝试制作与品尝，表达对祖先的思念之情 4. 喜欢参与清明节踏青活动，感受春天的变化，萌发对春天喜爱的情感 5. 参与清明节歌唱、手工制作等艺术活动，感受春天的美，体验艺术活动带来的乐趣 6. 理解认读“列典籍，有定处，读看毕，还原处”，知道读书的规则，懂得爱护图书

“插柳踏青　惜时爱日”主题教育活动目标

班级：中班组

主题释译	【方读此，勿慕彼。此未终，彼勿起。】出自《弟子规》中的“余力学文”篇：正在读这本书时，就不要想看那本书。这本书还未读完就不要再去读另一本书 【朝起早，夜眠迟。老易至，惜此时。】出自《弟子规》中的“谨”篇：清晨要早起，晚上按时入睡。人的一生很短暂，转眼间从少年就到了老年，所以每个人都要珍惜此刻的宝贵时光 【清明节】每年的4月5日，又叫踏青节，是中国传统节日，也是最重要的祭祀节日之一。清明节的习俗有很多，其中有踏青、插柳、放风筝、蹴鞠等。清明插柳风俗由来已久，民间相传是从隋代开始流行，因为在隋代，运河刚贯通南北，河堤需要年年植树以巩固河堤。而柳树有强大的生命力，容易成活，又喜湿润，所谓“有意栽花花不发，无心插柳柳成荫”。加上清明适宜植树，因此插柳习俗从那时起渐成风俗，并延续至今

（续表）

活动目标	1. 初步了解清明节的来历，知道祭祖、踏青、插柳、植树、品寒食等清明节习俗，懂得其寓意 2. 欣赏有关清明的古诗，理解内容，感受春雨给万物带来的变化。 3. 知道祭祖是清明节的重要习俗，了解祭祖的实际意义，知道对先人要常常追思。 4. 喜欢参加与清明节相关的歌曲表演、泥工制作等艺术活动，尝试用不同形式进行表现，感受作品的有趣与美妙 5. 理解认读“朝起早，夜眠迟。老易至，惜此时”。认识昨天、今天和明天，懂得珍惜时间 6. 理解认读“方读此，勿慕彼。此未终，彼勿起”。读书学习时要用心专一，养成良好的读书习惯

“风筝传情　惜时诵读”主题教育活动目标

班级：大班组

主题释译	【唯德学，唯才艺。不如人，当自砺。】出自《弟子规》中的“信”篇：做人最要紧的是自身的道德、学问、才能和技艺；如果这些方面不如人家，就要不断勉励自己，尽力赶上 【虽有急，卷束齐。有缺坏，就补之。】出自《弟子规》中的“余力学文”篇：即使有急事不看书了，也要把书本整理好；发现书本损坏，应当及时修补完整 【清明节】每年的4月5日，又叫踏青节，是中国传统节日，也是最重要的祭祀节日之一。清明节的习俗有很多，其中有踏青、插柳、放风筝、蹴鞠等。放风筝是清明时节人们所喜爱的活动，人们不仅白天放，夜间也放。夜里在风筝下或风筝拉线上挂上一串串彩色的小灯笼，像闪烁的明星，被称为“神灯”。过去，有的人把风筝放上蓝天后，便剪断牵线，任凭清风把它们送往天涯海角，据说这样能除病消灾，给自己带来好运。蹴鞠深受人们的喜爱，不仅能锻炼身体，还能体现团队合作，足球就起源于中国的蹴鞠活动
活动目标	1. 能准确说出清明节的时间和俗称，知道扫墓、祭祖是清明节习俗之一，了解文明祭祀的方法，懂得表达对亲人的思念之情 2. 喜欢欣赏和阅读与清明节相关的故事、诗句，了解其含义，感受其意境美、韵律美，懂得看书时要不急不躁、爱护图书 3. 知道清明节南北地域不同的特色美食，了解其意义及食物的营养价值，尝试进行创意制作并懂得分享的道理 4. 欣赏清明节相关的乐曲、歌曲，能用自己喜欢的肢体动作大胆进行表现，感受乐曲所表达的凄凉情感 5. 主动参加清明节“扫墓、放风筝、蹴鞠”等传统活动，理解其意义，体验与同伴活动的乐趣 6. 理解认读“唯德学，唯才艺。不如人，当自砺”，知道自己的不足之处，向有才能的人学习

活 动 选 编

古城幼儿园四月主题教育活动名称

共忆清明　惜时相伴（四月）	清明踏青　爱书会读（小）	插柳踏青　惜时爱日（中）	风筝传情　惜时诵读（大）
	清明我知道	清明晓来历	清明知节气
	四月品青团	追思已故人	忆故品寒食
	春雨唤新芽	春雨润万物	扫墓寄哀思
	春风拂清明	植树护家园	孩童蹴鞠乐
	踏青感春意	清明去踏青	风筝寄我情
	读书有方法	读书要专心	爱书有方法
	图书有定位	珍惜好时光	好学当自砺

图书有定位（小班）

活动目标：

（1）认识图书封面，尝试按标识对图书进行分类整理。

（2）理解认读“列典籍，有定处。读看毕，还原处”，知道书籍有固定的位置，读完后要放回原处。

（3）懂得爱惜图书，养成良好的阅读习惯。

活动思路：

交流读书收获—认识图书组成—尝试整理图书—理解名句含义—懂得爱惜图书。

活动准备：

物品准备：课件、不同种类的图书若干、操作单若干、放大版图书封面、图书组成部分名称视频、“列典籍，有定处。读看毕，还原处”句卡。

活动过程：

一、交流分享，畅谈图书内容

师：这周的图书漂流活动结束了，谁来说一说，你都看了哪些书？（邀请个别孩子发言。）

师：这是一个美丽的童话故事。还有吗？

小结：这周宝贝们看了很多有意思的图书，有唯美的童话故事、传统故事，还有很多绘本故事。

二、观察图书，认识图书封面

师：那你看过的书都叫什么名字呢？

师：你从哪里知道这本书的名字呢？你还看到了什么？

小结：我们看到的这个书皮叫封面，书名一般都在书的封面上。有时通过封面上绚丽多彩的图案我们能知道书中的主要内容。不同书上面的图案是不相同的。

三、动手操作，尝试进行整理

师：你们看，园长妈妈又给宝贝们买了很多图书，但是这些书太多了，怎么整理才能方便我们选择自己喜欢的图书呢？

师：大家想到的办法可真多，我们一起来看一看怎样整理更方便。

小结：因为我们年龄还小，可以贴上一些标志方便大家寻找自己喜欢的图书。除了这种方式，还可以按照图书的种类，或者书名等进行分类。

四、随师诵读，理解句子含义

师：这就是《弟子规》中所说的“列典籍，有定处。读看毕，还原处”。意思是说我们存放书籍要有固定的地方，读完一本书一定要放回原处。

师：请大家跟我一起读一读。

小结：宝贝们你们读得真整齐。我们在读书时要做到“列典籍，有定处。读看毕，还原处”，只有图书有定位，才能保护好图书，同时也能方便其他人阅读。

五、相互谈话，懂得爱书方法

师：除了图书要放回原处以外，爱护图书还有哪些方法呢？请你跟身边的小伙伴一起说一说吧！

师：谁来说一说你想到的方法？（邀请个别孩子发言。）

小结：我们在看书时，要将书平放在桌子上一页一页翻，还要注意衣袖不要将书角卷起。今后我们不管在幼儿园还是家里都要做到“列典籍，有定处。读看毕，还原处”。

师幼互行鞠躬礼，活动结束。

珍惜好时光（中班）

活动目标：

（1）认识钟表，知道一天有 24 个小时，懂得珍惜时间。

（2）理解认读“朝起早，夜眠迟。老易至，惜此时”。

（3）知道在生活中要珍惜时间、做事不拖沓。

活动思路：

讨论一天的事—钟表记录时间—游戏感知时间—诵读懂得惜—看书不费时间—生活珍惜时间。

活动准备：

物品准备:PPT、“朝起早，夜眠迟。老易至，惜此时”句卡、钟表、多种钟表图片、小纸条。

活动过程：

一、相互讨论，说说一天的事

师：孩子们，新的一天又开始了，我们一起想一想，这一天你都能做哪些事情？请你思考后跟身边的小伙伴们说一说。

师：一天要做的事情可真多，请你们想一想，我们生活中什么物品是用来记录时间的呢？

二、认识钟表，知道一天有 24 个小时

1. 了解钟表

师：钟表是用来记录时间的，今天我把一些钟表的图片带到了活动室。我们一起来看一看它们有什么相同和不同。

教师出示多种钟表图片，幼儿观察比较并发言。

师：钟表的外形不同，款式很多，但是钟表都有表盘、指针和刻度。

2. 观察表盘

师：钟表的表盘上都有什么呢？

小结：有指针和数字刻度，这个时针转一圈是 12 个小时，转两圈就是 24 个小时，正好是一整天。

三、纸条游戏，感知时间的短暂

师：我们一起来玩一个跟时间有关的纸条游戏。（师生每人一张小纸条，教师边带孩子们操作边讲解。）

师：假如这个纸条就代表完整的一天，睡觉的时间用掉了一小部分，吃饭用掉了一小部分，如厕用掉了一小部分，洗漱用掉了一小部分，出门路上用掉了一小部分，最后就剩下这么点时间了。我们用来学习和游戏的时间只有这么少，所以我们一定要珍惜时间。

四、集体诵读，懂得珍惜时间

师：孩子们，《弟子规》中也有告诉我们要珍惜时间的话："朝起早，夜眠迟。老易至，惜此时。"

教师出示字条并带孩子们诵读。

师：这几句话的意思是清晨要早起，晚上要按时睡。人的一生很短暂，转眼间从少年就到了老年，所以每个人都要珍惜此刻的宝贵时光。

五、看图讨论，不浪费时间

师：下面我们来看一看这些人的做法对不对，如果他们做到了珍惜时间我们就给一个对号，如果浪费了时间我们就不给对号。

师生边看图边讨论评判做法。

六、日常活动，做到珍惜时光

师：今天的活动就结束了，下面到了如厕、喝水的时间，我们来比一比谁用的时间最短，但是要记得注意安全，遵守规则。

活动自然结束，孩子们回来后老师再作评判和总结，表扬珍惜时间的孩子。

风筝寄我情（大班）

活动目标：

（1）欣赏多样的风筝，感受风筝的奇特的造型、艳丽的色彩和对称的图案所带来的美感。

（2）了解清明放风筝的意义，能够选择自己喜欢的风筝图案表达自己的情感。

（3）知晓我国风筝的典型代表，感受我国民间艺术的魅力，增强民族自豪感。

设计思路：

猜谜语—知代表—感受美—懂寓意。

活动准备：

物品准备：风筝实物、课件、常见的风筝图片。

活动过程：

一、猜谜语，引出活动的主题

师：今天，我给大家带来一个谜语，现在请你们竖起小耳朵仔细听好——天上一只鸟，用线拴得牢。不怕大风吹，就怕细雨飘。

师：猜一猜这是什么呢？（孩子们猜想后教师出示风筝实物。）

二、听故事，了解中国风筝的起源

师：你们知道是谁发明了风筝吗？（教师讲故事。）

师：风筝最早出现在中国，其中以山东潍坊的风筝最为著名。下面，我们来欣赏一下吧！（播放风筝图片。）

小结：很久很久以前，风筝是一个叫墨子的人最先发明的，它是具有中国特色的民间艺术。风筝的种类很多，包括人物、飞禽、鱼虾、文玩器物、历史人物、神话传说，等等。其中“龙头蜈蚣”“仙鹤童子”“雷震子”“麻姑献寿”等已经成为潍坊风筝的代表作品。

三、看图片，感受风筝的美

师：孩子们，让我们一起来看一看这些风筝吧！看完后说说你发现了什么。（请个别孩子表达。）

师：你们发现了什么？（孩子们自由发表意见，引导孩子们观察风筝的左右两边的形状和图案。）

师：请大家看看风筝左边的翅膀和右边的翅膀，有什么特点？它们有哪些相同的地方？（引导幼儿说出图案的大小、颜色、形状和位置都是一样的。）

师：这些风筝真漂亮，不同的风筝寓意也不同。

四、相互交流，了解放风筝的意义

师：放风筝是清明时节人们所喜爱的活动。你们知道为什么放风筝吗？请你们相互讨论一下吧！（孩子们相互讨论。）

小结：每逢清明节，人们不仅白天放风筝，夜间也放。过去，有的人把风筝放起来后，便剪断牵线，任凭清风把它们送往天涯海角，据说这样能除病消灾，给自己带来好运。久而久之，人们借着放风筝来寄托人们对幸福、长寿、喜庆等的向往。

延伸活动

清明乐出行（小班）

游戏目标：

运用多种材料，自由组合道路与景物，手眼一致开动汽车，模拟春游出行，体验活动的乐趣。

游戏材料：

道路场景、路线衔接卡、玩具汽车、交通标志等。

游戏玩法：

自选道路衔接卡在道路场景中拼摆，用小汽车在自由组合的车道和场景上行驶，学习观察交通标志，模拟出行。

清明柳树青（小班）

游戏目标：

观察初春柳树枝芽的形状，运用点画、粘贴等多种方式进行创作，为柳树填画枝芽，感受创作的快乐。

游戏材料：

点画颜料、超轻黏土、柳树轮廓画。

游戏玩法：

选择不同的材料为柳树填画，如粘贴或手指点画。

为英雄献花（中班）

活动目标：

尝试用绘画、剪、折等多种方式制作纸花，表达对先烈的缅怀之情。

活动材料：

英雄人物图片、不同纸花的制作方法图、彩纸、胶棒、剪刀、绳子、彩笔。

活动玩法：

（1）观看英雄人物的照片，了解英雄的事迹。

（2）观看步骤图学习纸花的制作方法与步骤。尝试用绘画、剪、折等多种方法做花。

寒食忆清明（中班）

活动目标：

欣赏各种各样的寒食图片，尝试用揉、团、压、卷的方法制作寒食，了解食物的制作过程。

活动材料：

寒食图片、方法图、彩纸、剪刀、橡皮泥。

活动玩法：

（1）欣赏寒食图片。

（2）观看方法图，了解制作方法。

（3）依据橡皮泥技法图制作寒食。

音韵阁（大班）

活动目标：

跟随《小风筝》的音乐，尝试用自然、优美的歌声富有感情地演唱歌曲，感受歌曲旋律的优美。

活动材料：

歌曲、小舞台。

活动玩法：

欣赏歌曲《小风筝》，尝试与同伴合作表演。

春燕归来（大班）

活动目标：

尝试用折、剪、填画等方法，创作春燕归来的景象，并能大胆想象创作，提高动手能力。

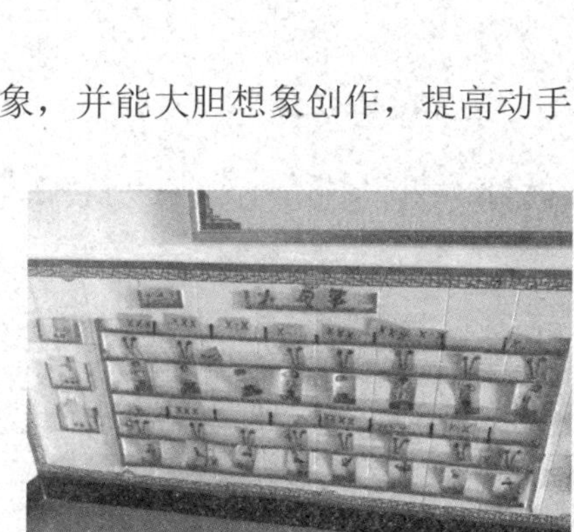

活动材料：

步骤图、卡纸、水彩笔、剪刀。

活动玩法：

欣赏春燕归来的图片，根据方法步骤图尝试用折、剪、填画等形式，创作春燕归来的景象。

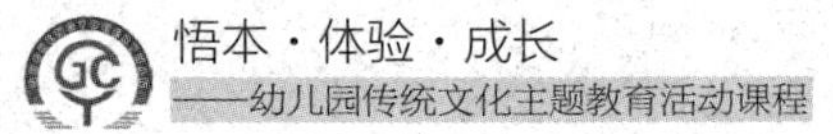

周 回 忆

美好的回忆
主题：清明踏春 爱书会读 班级：
姓名： 日期：
清明时节气温转暖，降雨增多，草木萌动，在这万物复苏的季节里，相信大家一定收获满满吧，让我们共同回忆这一周的活动吧！
宝贝们，你听过《小雨沙沙》的歌曲吗？以下哪幅图是描写这首歌曲的场景呢？请你圈出来吧！
你吃过这些食物吗？快和爸爸妈妈说一说它是什么味道的吧！

一周的回忆
清明
主题：《清明踏青 爱书会读》
班级： 姓名：
日期：
宝贝们，快乐的一周结束啦，相信你们一定学到了知识，也收获了快乐，让我们共同来回忆一下吧！
这周我们学习理解了"列典籍 有定处 读看毕 还原处"的意义，请你将正确的做法用圈起来吧！
你最喜欢本周的哪个主题活动？请用图片的形式记录下来吧！
叶落作品

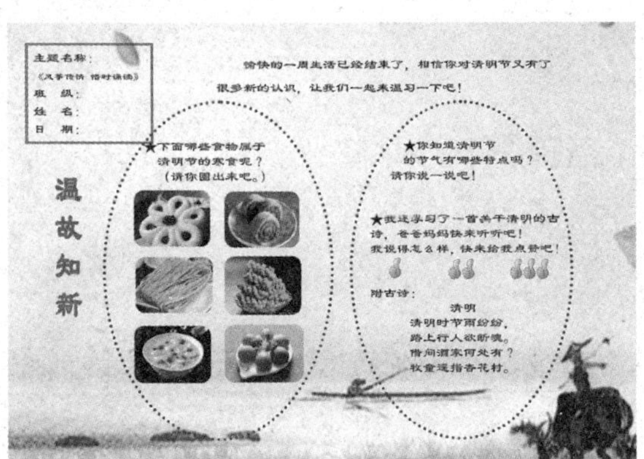
主题名称：
班 级：
姓 名：
日 期：
愉快的一周生活已经结束了，相信你对清明节又有了很多新的认识，让我们一起来温习一下吧！
温故知新
★下面哪些食物属于清明节的寒食呢？（请你圈出来吧。）
★你知道清明节的节气有哪些特点吗？请你说一说吧！
★我还学习了一首关于清明的古诗，爸爸妈妈快来听听吧！我说得怎么样，快来给我点赞吧！
附古诗：
清明
清明时节雨纷纷，
路上行人欲断魂。
借问酒家何处有？
牧童遥指杏花村。

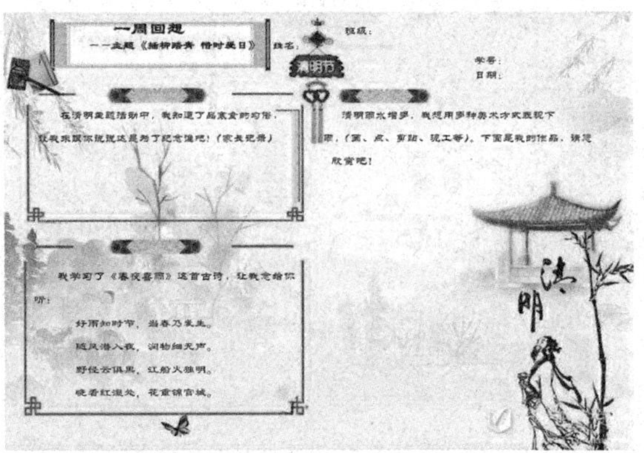
班级：
姓名：
清明节
学号：
日期：
我学习了《春夜喜雨》这首古诗，让我念给你听：
好雨知时节，当春乃发生。
随风潜入夜，润物细无声。
野径云俱黑，江船火独明。
晓看红湿处，花重锦官城。
清明

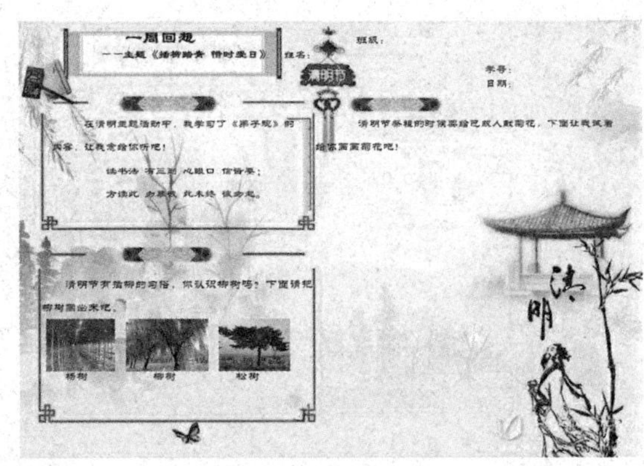
班级：
姓名：
清明节
学号：
日期：
杨树
柳树
松树
清明

家园共育

牵手共进，放飞梦想
——致家长的一封信

亲爱的家长们：

大家好！在这春暖花开的季节里，我们即将迎来中国传统节日“清明节”。清明节又称踏青节，是踏青、祭祖和扫墓的日子，也是中国二十四节气之一。

在接下来的时间里，我们将和宝贝们共同携手走进“风筝传情　惜时诵读”主题活动，我们将以“介子推的故事”、融合、踏青放风筝、祭祀、扫墓、经典诵读等活动为主线索，开展活动。通过放风筝，了解放风筝的方法和技巧，学习有关风向的科学知识。在祭祀扫墓活动中感受慎终追远、敦亲睦族，这也是理解孝道的一种途径。每逢清明节，我们应前往先人的长眠处祭奠。我们同时开展诵读经典清明诗会活动，表达对先人的追思，传承中华传统感恩孝道文化。在《弟子规》“唯德学，唯才艺。不如人，当自砺”和“虽有急，卷束齐。有缺坏，就补之”两句中也体现了孩子们爱读书、会读书的好习惯。

我们期待与宝贝们一起走进这个主题，在活动中获取知识。请您配合我们完成以下工作：

1. 收集缅怀先人的古诗、儿歌，并和家人一起诵读，做文明祭祀的带头人。

2. 收集不同的风筝图片，愿意和家人尝试制作风筝。

3. 带一张和家人一起放风筝的照片，和大家分享放风筝趣事。

孩子的成长离不开您的陪伴，我们期待您一如既往地支持我们，让我们和孩子一起度过一个有意义的清明节。

感谢您对我们工作的支持！

大班组教师敬上

“共忆清明　惜时相伴”主题活动家园共育计划

主题名称	风筝传情　惜时诵读（大班）	
项目	内容	实施途径
利用家长资源	1. 请家长与幼儿在家中共同查阅、搜集有关清明节的节日特点和民俗活动，在开展主题教学活动时，将所搜集的图片、古诗、儿歌、故事等与小伙伴们交流分享	翻阅书籍、网络搜索
	2. 家长和幼儿多关注清明节吃寒食的习俗，了解其代表的含义，知道寒食的种类、做法、食材、营养成分，丰富孩子的知识经验，方便开展主题教学活动	翻阅书籍、网络搜索、实践操作
	3. 请家长与幼儿在休息时间欣赏各种各样风筝的图片，并尝试用喜欢的方式制作或绘画风筝，和小伙伴一同参与放风筝活动	网络搜索、实践操作
	4. 在日常生活中，家长陪伴幼儿多读书，养成良好的阅读习惯，知道学习的重要性，懂得珍惜时间，并搜集关于英雄的事迹，与小伙伴共同分享	经验分享
开展亲子活动	1.“清明祭祖”活动。家长可以带幼儿参与“清明祭祖”活动，了解清明节有祭祖的习俗，知道祭祖的意义，通过实际体验表达对祖先的思念之情 2.“风筝传情”摄影展。请家长和幼儿共同放风筝，并用照片记录下来，体验放风筝带来的喜悦，增加亲子之间的感情	祭祖活动、民俗体验

君子立品 德才相伴

——五月主题教育活动

活动目标

“粽叶飘香　养德立品”主题教育活动目标

班级：小班组

主题释译	【执虚器，如执盈。入虚室，如有人。】出自《弟子规》“谨”一篇中：即使拿着空空的容器，也要像拿着盛满东西的容器一样小心翼翼；走进无人的空房子，也要像主人在家时一样，注意自己的举止，不能随随便便。也就是说，不论何时何地，或明或暗，或在人前、或于独处，都要时时警惕、守正不挠、谨慎不苟 【人不闲，勿事搅。人不安，勿话扰。】出自《弟子规》“泛爱众”一篇中：别人忙的时候，不要去打扰他；别人心里焦躁的时候，不要用难听的话刺激他 【端午节】每年农历的五月初五，是中国民间的四大传统节日之一，还称午日节、五月节、龙舟节、端阳节等。自古以来便有赛龙舟、食粽子、吃五毒饼、饮用雄黄酒、佩香囊、挂艾叶、系五色线等传统习俗。端午节最初为古代部族举行“龙”图腾祭祀的节日，春秋之前有以龙舟竞渡形式举行部落图腾祭祀的习俗，后因战国时期的楚国诗人屈原在该日抱石跳汨罗江自尽，将端午作为纪念屈原的节日
活动目标	1. 知道端午节是中国的传统节日，喜欢参与端午节赛龙舟、挂五彩绳、戴香包等传统活动，感受活动的乐趣和内涵 2. 喜欢听端午节的故事，跟读端午节的童谣，感受童谣韵律美，尝试用绘画、表演等方式来表达对节日的庆祝 3. 知道粽子、绿豆糕是端午节的传统美食，了解它们的外形特征并品尝，懂得与同伴分享的乐趣 4. 理解认读“人不闲，勿事搅。人不安，勿话扰” 5. 理解认读“执虚器，如执盈。入虚室，如有人”，知道拿着物品走路时要小心，进入没有人的房间不随便动里面的东西

“龙舟竞渡　忆故立德”主题教育活动目标

班级：中班组

主题释译	【善相劝，德皆建。过不规，道两亏。】出自《弟子规》中的“谨”：如果朋友之间互相劝勉行善，双方的道德就会更加完善。如果朋友有过错不去相劝，双方在道德上就会有缺陷 【道人善，即是善。人知之，愈思勉。扬人恶，即是恶。疾之甚，祸且作。】出自《弟子规》中的“谨”：称赞别人的善行，本身就是一种美德；因为别人知道后，就会因此受到勉励而更加努力地去行善。宣扬别人的恶行，本身就是一种恶行；如果因为过分的厌恶痛恨而一味地去宣扬，就会招来祸害 【能亲仁，无限好。德日进，过日少。不亲仁，无限害。小人进，百事坏。】出自《弟子规》中的“亲仁”篇：亲近品德高尚的仁者，会得到无限的好处。与仁者亲近，德行就会一天比一天增进，而过失就会一天比一天减少。不亲近品德高尚的仁者，就会有无限的害处 【端午节】每年农历的五月初五，是中国民间的四大传统节日之一，还称午日节、五月节、龙舟节、端阳节等。自古以来便有赛龙舟、食粽子、吃五毒饼、饮用雄黄酒、佩香囊、挂艾叶、系五色线等传统习俗。端午节最初为古代部族举行“龙”图腾祭祀的节日，春秋之前有以龙舟竞渡形式举行部落图腾祭祀的习俗，后因战国时期的楚国诗人屈原在该日抱石跳汨罗江自尽，将端午作为纪念屈原的节日。赛龙舟历史悠久，已流传了两千多年，是中国民间的传统水上体育娱乐项目，多是在喜庆节日举行，由多人集体划桨竞赛。这一活动传到国外后，深受各国人民的喜爱并形成了国际比赛。除此，雄黄酒、菖蒲酒、五毒饼、咸蛋、粽子和时令鲜果等也是端午节的传统美食

（续表）

活动目标	1. 初步了解端午节的来历，知道吃粽子、划龙舟、五彩蛋、荡秋千等端午节习俗，懂得其寓意 2. 喜欢欣赏并理解屈原的故事，懂得要向品德高尚的人学习 3. 知道粽子是端午节的传统节庆食品，理解其代表的寓意，并尝试进行制作 4. 知道赛龙舟是端午节的特色活动，认识龙舟的外形特征，感知物体沉浮的现象 5. 喜欢参加与端午节相关的歌曲表演、泥工制作等艺术活动，尝试用不同的形式进行表现，感受作品的有趣与美妙 6. 理解认读“道人善，即是善。人知之，愈思勉。扬人恶，即是恶。疾之甚，祸且作”。懂得赞扬和欣赏别人的善行，乐于与人为善

“端午安康　厚德博爱”主题教育活动目标

班级：大班组

主题释译	【行高者，名自高。人所重，非貌高。才大者，望自大。人所服，非言大】出自《弟子规》中的“泛爱众”篇：一个行为高尚的人，名声自然会高，因为人们敬重的是一个人的品行，而不是看他是否有一副好的相貌；一个才华出众的人，名望自然会大，因为人们所佩服的是他的真才实学，而不是自吹自擂 【不力行，但学文。长浮华，成何人。但力行，不学文。任己见，昧理真】出自《弟子规》中的“余力学文”篇：如果所学不能实践力行，而一味地读死书，只能使自己华而不实，不能成为一个真正有用的人；如果只知道卖力去做，不肯读书学习，而固执于自己的见解，就不会明白道理的真假，这也是不对的 【端午节】每年农历的五月初五，是中国民间的四大传统节日之一，还称午日节、五月节、龙舟节、端阳节等。自古以来便有赛龙舟、食粽子、吃五毒饼、饮用雄黄酒、佩香囊、挂艾叶、系五色线等传统习俗。端午节最初为古代部族举行“龙”图腾祭祀的节日，春秋之前有以龙舟竞渡形式举行部落图腾祭祀的习俗，后因战国时期的楚国诗人屈原在该日抱石跳汨罗江自尽，将端午作为纪念屈原的节日。除此，粽子作为端午节的传统美食，深受我国各地区人们的喜爱，粽子的种类和口味也多种多样
活动目标	1. 能准确说出端午节的时间及民间俗称，知道端午节起源于古代祭祀活动，学习民族英雄屈原的爱国精神 2. 喜欢欣赏和阅读与端午节相关的诗词，了解其含义，感受其意境美、韵律美，知道德才兼备的人是我们应该学习的榜样 3. 知道南北地域的端午节特色美食，了解其意义及食物的营养价值，尝试进行创意制作，并懂得分享 4. 欣赏端午节相关的乐曲、歌曲，能用自己喜欢的肢体动作大胆进行表现，感受合作赛龙舟的乐趣 5. 知道端午有戴香包、编五彩线、挂艾叶等传统习俗，了解其意义，感受民族节日风俗文化的多样性 6. 理解认读“不力行，但学文。长浮华，成何人”，知道读书的好处，学会与他人共同分享阅读的经验，享受读书的乐趣

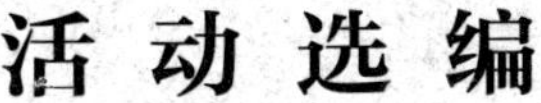

活动选编

古城幼儿园五月主题教育活动名称

	粽叶飘香　养德立品（小）	龙舟竞渡　忆故立德（中）	端午安康　厚德博爱（大）
君子立品　德才相伴（五月）	端午晓习俗	端午忆屈原	端午忆故人
	同诵五月五	巧手包粽子	南北粽飘香
	端午品粽美	彩蛋寄祝福	艾草本领大
	五月豆糕香	协力划龙舟	巧绾香囊结
	端午识龙舟	我会荡秋千	彩线系安康
	做事有规矩	我会交益友	探秘五毒饼
	勿扰他人事	传扬好品行	好学会运用

端午品粽美（小班）

活动目标：

（1）了解粽子的由来，知道吃粽子是端午节习俗之一。
（2）了解粽子的制作过程，知道吃粽子要适度，懂得健康饮食。
（3）体验和小伙伴共品粽子的快乐。

设计思路：

了解粽子由来—认识粽子食材—了解制作方法—共品美味粽子—懂得健康饮食。

活动准备：

经验准备：吃过粽子，知道粽子是端午节的传统美食。
物品准备：课件、不同种类粽子、托盘。

活动过程：

一、倾听故事，了解粽子的由来

师：端午节有很多习俗，你知道端午节的美食都有哪些吗？

师：粽子是端午节的美食之一，那你知道为什么要在这一天吃粽子吗？

师：大家刚才说了很多，那到底为什么呢？一起来听一个好听的故事，你就会找到答案啦！

师：故事听完了，你知道为什么要吃粽子了吗？

小结：吃粽子是大家在端午节时表达对屈原怀念的传统习俗，慢慢地粽子也就演变成端午节的一种传统食品了。

二、观看实物，认识粽子的食材

师：孩子们，你们都吃过粽子吗？它是什么样子的？

小结：粽子有很多种，不同地方，包粽子的方法也不同，一般都会用到糯米和粽叶。

三、观看课件，了解包粽子方法

师：美味的粽子是怎样包出来的呢？让我们一起看一看吧！（播放包粽子视频。）

小结：首先选择上好的圆糯米，可以放一些红豆、红枣等；其次选择粽子叶，将粽子叶卷成一个小桶；再满满地填上馅料；将粽叶的另一端慢慢卷起；用棉线捆扎起来，

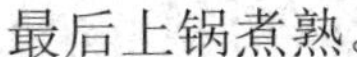

最后上锅煮熟。

四、品尝粽子，知道要健康饮食

师：食堂的阿姨也为大家准备了一些粽子，我们一起品尝吧！

师：谁来说一说，你吃到的粽子是什么味道的？（黏黏的、甜的……）

师：粽子的品种有很多，一般包裹的材料是糯米、黄米或其他辅料，如枣、豆沙、火腿等。

师：粽子里的糯米虽然香甜可口，但是在吃的时候不能吃得太快，因为糯米的黏度是比较高的，如果粽子吃得太快对于肠胃造成的负担是非常大的，吃得太快不利于人体消化。

五、区角游戏，尝试学习包粽子

师：活动区也有很多材料，我们一起试一试包粽子吧，看看谁的粽子包得最好看。

协力划龙舟（中班）

活动目标：

（1）知晓“赛龙舟”是端午节的习俗之一，了解赛龙舟的由来。
（2）认识龙舟的外形特征，初步了解划龙舟的方法，懂得划龙舟时要齐心协力。
（3）喜欢参加集体活动，体验划龙舟团结协作的乐趣。

设计思路：

知晓赛龙舟由来—认识龙舟的外形—了解划龙舟的方法—体验协力划龙舟的快乐。

活动准备：

经验准备：幼儿和父母一起观看划龙舟比赛。
物品准备：PPT 课件、“赛龙舟”故事视频、龙舟道具、划龙舟音乐、鼓。

活动过程：

一、同伴分享，聊聊端午节习俗

师：孩子们，端午节是我国的传统节日，你知道端午节都有哪些习俗吗？（插艾草、吃粽子、登高……）

师：大家知道得可真多，端午节是我国的传统节日，人们会在这一天进行挂艾草、吃粽子、放纸龙、拴五彩线、佩香囊、赛龙舟等活动，以此来迎祥祈福、辟邪消灾。

二、欣赏故事，知晓赛龙舟由来

师：你们见过赛龙舟吗？人们是怎样赛龙舟的？（很多人一起在划船比赛。）

师：为什么端午节要赛龙舟呢？

师：大家都说了自己的想法，那到底是怎么回事呢？让我们一起来听一个关于赛龙舟的故事吧！（播放故事。）

师：谁来说说，端午节为什么要赛龙舟呢？

小结：赛龙舟是我国端午节的习俗，也是端午节最重要的传统活动之一，赛龙舟是为了祭奠屈原、祭奠水神、祭奠龙神等举行的祭祀活动。相传屈原死后，人们划着船去打捞他的尸体，并往江中投粽子等食物，防止鱼虾啃食他的尸体。此后，端午节赛龙舟的活动就流传下来了，如今的赛龙舟已然成为一种比赛项目。

三、观察图片，说说龙舟的外形

师：你们见过的龙舟是什么样子的？

师：大家说了很多不同的龙舟，我这儿也有一些龙舟，我们来看看吧！

师：你们看到了什么？（有龙头、龙尾、船、很多人。）

小结：这些龙舟的大小、图案不一样，但是它们有一个共同的特点，都是画着龙的图案或做成龙的形状的船。

四、观看视频，了解划龙舟方法

师：刚才我们看到龙舟上有很多人，他们都是干什么的呢？怎么做的？咱们一起来看一看吧！

师：你们看到了什么？你们能模仿一下他的动作吗？（模仿敲鼓、划船。）

师：咱们跟他们学着做一下吧！

小结：刚才大家模仿得特别像，有打节奏的鼓手，有动作一致的划手，有调整方向的舵手。赛龙舟是一项多人运动，前面一个人负责敲鼓，后面一个人负责掌舵，中间的人一起划桨。赛龙舟时，选手们不仅要注意力高度集中，动作还要整齐有力，划手们要听着鼓手的节奏划桨，舵手要适时调整龙舟的方向，大家齐心协力才能成功。

五、协力划舟，体会游戏的快乐

师：了解了赛龙舟的方法，咱们也一起来玩一个赛龙舟的游戏吧！咱们男生、女生分成两组，每组先商量选出一名鼓手和一名舵手，其余小朋友是划手，然后每组成员按各自分工模拟赛龙舟动作，咱们比一比哪组动作整齐，哪组先划到终点。开始吧！（播放音乐，进行赛龙舟游戏。）

小结：孩子们，你们表现得都很棒，都是出色的小选手。赛龙舟单靠一个人是不能取胜的，它需要我们团结一致、不怕困难。希望大家以后都能保持这种勇往直前、团结合作的精神去做每一件事，相信你们一定能成功！

艾草本领大（大班）

活动目标：

（1）知道端午节家家户户为什么要挂艾草。
（2）通过对艾草图片及实物的观察，能用清晰完整的语言描述艾草的特征。
（3）了解艾草的作用及功能，能在生活中尝试运用。
（4）愿意感受大自然，喜欢探索和发现自然界中的植物。

活动思路：

回顾端午节习俗—知道挂艾草的意义—认识艾草特征—了解艾草作用—巩固对艾草的了解—制作艾草创意画。

活动准备：

经验准备：对端午节习俗的已知经验、在家和父母一起搜集和了解艾草的用途和功效。

物品准备：课件、艾草实物及图片、用艾草制作的物品图片、艾叶、画纸、彩笔、胶棒等。

活动过程：

一、相互交流，回顾端午节的习俗

师：孩子们，谁来说一说端午节都有哪些习俗？

小结：端午节的时候我们不仅能吃到美味的粽子，还能看到精彩的赛龙舟表演，还可以佩戴美丽的香囊和五色线，人们还在门前挂上艾草。

二、观看视频，知道挂艾草的意义

师：你们知道为什么端午节家家户户都要挂艾草吗？

师：你们说得都有道理，下面我们就一起来看一看到底是为什么吧！

小结：在端午节时，家家户户会在门、窗上挂艾草。这是因为端午节前后天气渐热，各种蚊虫也相继出现，而艾草具有驱蚊的作用，所以古代人就挂上艾草来驱除蚊虫。同时，古人认为“挂艾草”能为家中招来福气，保佑家人身体健康，所以端午节挂艾草这一习俗流传至今。

三、观察艾草，认识艾草的特征

师：孩子们，你们看这是什么？（教师出示艾草图片。）

师：这就是艾草（教师出示艾草实物），下面请小朋友来摸一摸，闻一闻，说说艾草有什么特征，它和我们见过的其他小草有什么不一样呢？

小结：艾草的根茎略粗长，它的叶子很薄，通常是绿色的，背面有灰白色短毛。艾草闻起来有很浓烈的香气，晾干后呈褐色。艾草主要生长在池塘边、村口、小桥边。

四、观看课件，了解艾草的作用

师：孩子们，这些神奇的艾叶会变身，你们看这些图片上的物品就是它变身后的样子，你们见过吗？它们是用来干什么的？谁来说一说？（教师出示艾草的相关图片，幼儿进行大胆猜测。）

小结：艾草不仅能做出美味的食物、可以驱蚊防虫，而且它还是很好的中草药材。在我们的日常生活中，经常会有人用它来泡脚和洗澡等。艾草还具有缓解疲劳、治疗失眠、减轻压力、治疗湿疹、止血驱寒等功效。

五、动手操作，巩固对艾草的了解

师：孩子们，在你们的桌子上有一些艾草和它的作用及功效的图片，请大家尝试根据刚才所了解的知识将艾草和相应的作用及功效进行配对摆放吧！（幼儿尝试操作。）

师：谁来说一说你是怎样摆放的？为什么这样摆？

小结：看来大家都能很快找到配对的图片，并能根据操作说出艾草的作用及功效，你们可真棒！

六、大胆想象，制作艾叶创意画

师：通过刚才的学习和操作，我们了解到艾草原来有这么多的作用和功效，它的本领可真大呀！今天，神奇的艾叶来到了我们的活动室，想让小朋友们用你们手中的画笔、胶棒等材料尝试为它变身。大家可以用艾叶等这些材料贴一贴、画一画，创作出一幅自己喜欢的作品。

师：谁来说一说你的设计？

小结：孩子们，今天我们一起认识了艾草，不仅了解了艾草的功效及用途，还用艾叶制作了创意画。端午节马上就要到了，我们可以和爸爸妈妈一起去野外寻找艾草，和他们聊一聊艾草都有哪些本领吧！

延 伸 活 动

巧手居（小班）

游戏目标：

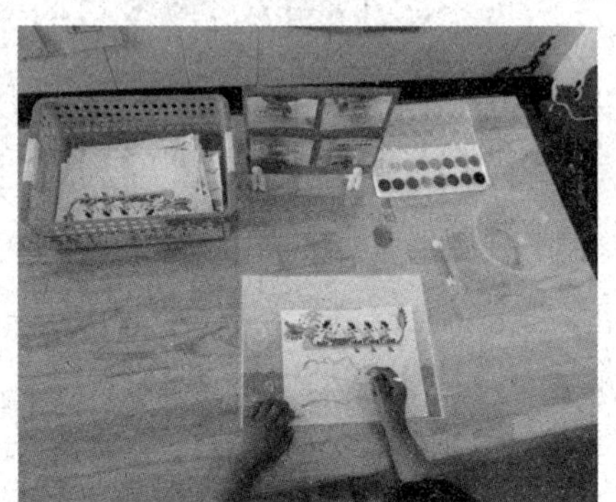

学习波浪线的画法，尝试用棉签蘸颜料的方式为龙舟画浪花，体验创作的快乐。

游戏材料：

颜料、棉签、操作步骤图、操作单。

游戏玩法：

欣赏龙舟图片，依据方法图学习波浪线的画法，用棉签蘸自己喜欢的颜色，给龙舟画浪花。

美味五毒饼（小班）

游戏目标：

仔细观察五毒饼图片，根据步骤图，运用团圆、压扁等技能制作五毒饼；了解端午吃五毒饼的传统习俗。

游戏材料：

技法提示图、步骤图、橡皮泥。

游戏玩法：

仔细观察五毒饼图片，选择黏土，根据步骤图运用团圆、压扁等技能制作五毒饼。

香气袭人（中班）

活动目标：

欣赏不同香包图片，感受传统香包的美。尝试用绘画、剪、折等多种方式制作香包，提高审美能力。

活动材料：

香包图片、步骤图、美工纸、剪刀、画笔等。

活动玩法：

（1）欣赏香包图片，发现香包图案的美。
（2）观看步骤图，了解香包制作方法与步骤。
（3）用绘画、剪、折等多种方式制作香包。

赛龙舟（中班）

活动目标：

欣赏乐曲《赛龙舟》，尝试用打击乐器进行伴奏，感受 2/4 拍的节奏特点，体验合作表演的乐趣。

活动材料：

随身麦、节奏图谱、各种打击乐器。

活动玩法：

与同伴商讨角色与任务，选择自己喜欢的小乐器。与同伴合作，随音乐进行表演。

我是小记者（大班）

活动目标：

学做“小记者”，依据端午节不同习俗任务单，大胆采访同伴，学习主动与人沟通的方法。

活动材料：

访问记录单、笔、记者证、自制话筒。

活动玩法：

选择采访对象，学习小记者的采访方式，大胆对同伴进行采访，完成采访记录单。

趣味游戏牌（大班）

活动目标：

准确找出两个相连物品或相同图案的纸牌，按抢答器抢答，提高观察能力和反应能力。

活动材料：

端午节物品游戏牌、抢答器、马口铁盒、玩法图、记分卡。

活动玩法：

与同伴商讨游戏规则，拿出抢答器和记分卡摆放好，将图片按棋盘摆放好，按抢答器抢答并将物品数量相加是5的两个相邻卡片收走，答对者得分。

周回忆

主题：粽叶飘香 养德立品 班级：
姓名： 日期：
一周乐回忆
端午节你吃到了哪种粽子？并和爸爸妈妈说一说这些粽子像什么形状吧！
端午节刚刚过去了，你对端午节了解了多少呢，让我们共同来回忆回忆吧！
端午节大人们要喝什么酒？请你○出来吧！

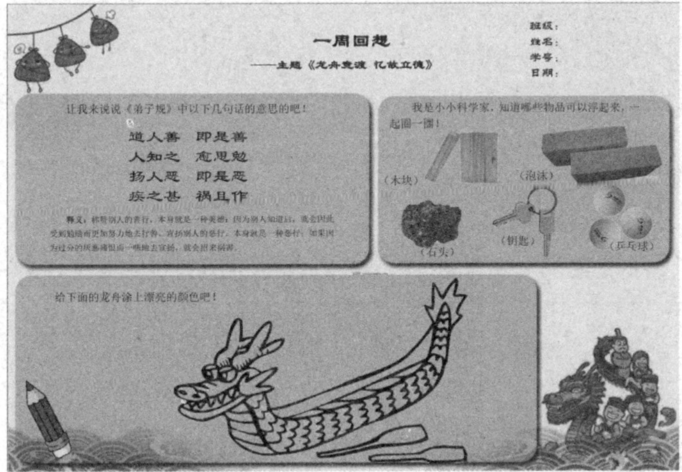
一周回趣
——主题《龙舟竞渡 忆故立德》
班级：
姓名：
学号：
日期：
让我来说说《弟子规》中以下几句话的意思的吧！
道人善 即是善
人知之 愈思勉
扬人恶 即是恶
疾之甚 祸且作
我是小小科学家，知道哪些物品可以浮起来，一起圈一圈！
（木块）
（泡沫）
（石头）
（钥匙）
（乒乓球）
给下面的龙舟涂上漂亮的颜色吧！

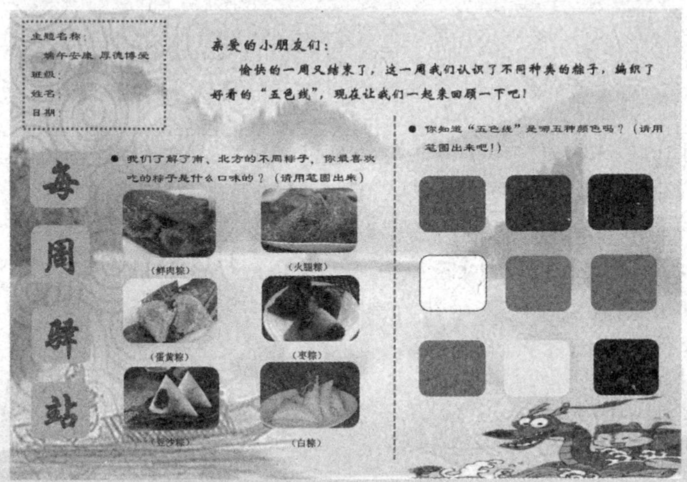
主题名称：
端午安康 厚德博爱
班级：
姓名：
日期：
亲爱的小朋友们：
愉快的一周又结束了，这一周我们认识了不同种类的粽子，编织了好看的“五色线”，现在让我们一起来回顾一下吧！
每周驿站
● 我们了解了南、北方的不同粽子，你最喜欢吃的粽子是什么口味的？（请用笔圈出来）
（鲜肉粽）
（火腿粽）
（蛋黄粽）
（枣粽）
（白粽）
● 你知道“五色线”是哪五种颜色吗？（请用笔圈出来吧！）

家园共育

家园携手爱满端阳

——致家长的一封信

亲爱的家长们：

端午节是中国传统节日之一，为每年的农历五月初五。据《荆楚岁时记》记载，因仲夏登高，顺阳在上，五月是仲夏，它的第一个午日正是登高顺阳好天气之日，故五月初五亦称为“端阳节”。此外，端午节还称午日节、五月节、龙舟节、浴兰节、诗人节等。端午节是中国传统文化节日，人们会在这一天品粽子、赛龙舟等。

在接下来的时间里，我们将和宝贝们共同携手走进“端午安康　厚德博爱”主题活动。在活动中，我们以纪念爱国诗人屈原为主线索，通过品南北不同口味的粽子，了解端午食粽的寓意。知道吃粽子源于春秋战国，是人们为纪念楚国大夫屈原而逐渐流传下来的。在《弟子规》中“行高者，名自高。人所重，非貌高”的意思是德行高尚的人，他的名望自然也高。大家所敬重的是他的德行，而不是外表容貌。正如我们通过端午节来纪念屈原，学习他的爱国精神。

让我们携手与宝贝们一起走近端午，请您配合我们完成以下工作：

1. 与宝贝一起聆听有关屈原的故事，并和家人一起分享感受。

2. 了解南北粽子的不同口味，尝试和家人包粽子，感受其中的乐趣。

3. 和孩子一起制作香囊手工作品，编织五彩绳。

孩子的成长离不开您的陪伴，期待您对我们工作一如既往地支持，让孩子度过一个有意义的端午节。

大班组教师敬上

“君子立品　德才相伴”主题教育活动家园共育计划

主题名称	端午安康　厚德博爱（大班）	
项目	内容	实施途径
利用家长资源	1. 请家长与孩子一同查阅、搜集有关端午节的节日特点和民俗活动，在开展主题教学活动时，将所搜集的图片、故事、儿歌等与小伙伴们交流分享	翻阅书籍、网络搜索
	2. 在日常生活中，家长和孩子们多关注端午节的特色美食，了解其代表的含义，知道食物的做法、食材、营养成分等，丰富孩子的知识经验	翻阅书籍、网络搜索、实践操作
	3. 请家长和孩子一起欣赏关于端午节的绘画、手工作品，并尝试用喜欢的方式绘画或制作关于端午节的作品，与小伙伴们共同欣赏各自的作品	网络搜索、实践操作
	4. 在日常生活中，家长应告诉孩子要养成勤洗澡、勤换衣、勤剪指甲、勤锻炼等良好习惯，并且要多向他人学习，提高各方面的生活能力	经验分享
开展亲子活动	1. 快乐阅读。请家长和幼儿共同欣赏有关端午节的古诗、故事等文学作品，了解英雄人物的历史事迹，学习他们厚德博爱的精神 2. 共包米粽。请家长和幼儿共同参加“包粽子，品粽香”的手工制作粽子活动，了解端午节有吃粽子的习俗，知道包粽子的各种方法和制作过程，感受亲子包粽子的乐趣	翻阅书籍、手工活动

谨言慎行 谦虚相伴

——六月主题教育活动

活动目标

“言语恰当　实事求是”主题教育活动目标

班级：小班组

主题释译	【见人善，即思齐。纵去远，以渐跻。见人恶，即内省。有则改，无加警。】出自《弟子规》中的“信”篇：看见别人的善行就如同自己有所善行一样高兴；看见他人的过错，就如同自己有所过错一样难过 【无心非，名为错。有心非，名为恶。】出自《弟子规》中的“信”篇：无心之过称为错，若是明知故犯，有意犯错便是罪恶 【缓揭帘，勿有声。宽转弯，勿触棱。】出自《弟子规》中的“谨”篇：进入房间时，不论揭帘子、开门的动作都要轻一点、慢一些，避免发出声响。在室内行走或转弯时，应小心不要撞到物品的棱角，以免受伤
活动目标	1. 了解《弟子规》“信”一篇的相关内容，理解其含义。知道看见别人的缺点要及时反省，懂得向身边品德好的人学习 2. 喜欢听有关“谨”的故事，跟读有关“谨”的童谣，感受童谣的韵律美，学会使用礼貌用语，养成见人打招呼的习惯 3. 在日常生活中，知道行走或转弯时要注意安全，有初步的安全意识和规则意识 4. 知道进出屋门时的相关的礼仪，养成良好的行为习惯 5. 学唱与主题相关的歌曲，尝试用动作进行表演，感受歌曲的情绪变化 6. 知道在日常生活中不侵犯别人，能初步辨别行为对错，并能友好地与同伴交往

“谦和虚心　严格自律”主题教育活动目标

班级：中班组

主题释译	【事非宜，勿轻诺。苟轻诺，进退错。】出自《弟子规》中的“谨”篇：对于自己认为不妥当的事情，不能随便答应别人。假如你轻易许诺就会进退两难 【见未真，勿轻言。知未的，勿轻传。】出自《弟子规》中的“谨”篇：看到的事情没有弄清楚，不要随便乱说；听来的事情没有根据，不要随便乱传 【谨】意思是慎重、小心；郑重地；恭敬地。《弟子规》在“谨”的部分详细列举了日常生活中常见的一些注意事项，如朝起夜眠、衣冠步履等
活动目标	1. 了解《弟子规》中“谨”一篇的相关内容，懂得谦和虚心、严格自律是中华民族的传统美德 2. 愿意聆听并理解有关谦和虚心的故事，懂得做人要谦虚好学，看到别人的缺点要及时反省自己，乐于向身边道德高尚的人学习 3. 知道请求别人帮助时要使用礼貌用语，在游戏活动中知道朋友之间要相互谦让 4. 理解认读“事非宜，勿轻诺。苟轻诺，进退错”，知道做事量力而行，不轻易许诺 5. 理解认读“见未真，勿轻言。知未的，勿轻传”，知道对不了解的事情不要轻易传播 6. 欣赏有关谦虚好学的儿歌，尝试用不同形式进行表现，感受音乐的美妙

"严谨求实　谦虚好学"主题教育活动目标

班级：大班组

主题释译	【话说多，不如少。唯其是，勿佞巧。】出自《弟子规》中的"信"篇：多说话不如少说话，只要说的话恰当在理、符合实际就行，千万不要花言巧语 【奸巧语，秽污词。市井气，切戒之。】出自《弟子规》中的"信"篇：虚伪狡诈、尖酸刻薄、下流肮脏的话，千万不要说；阿谀奉承等粗俗的市侩习气，都要彻底戒除掉 【过能改，归于无。倘掩饰，增一辜。】出自《弟子规》中的"信"篇：有了过错，如果能勇于面对，并彻底改正过来，就等于没有错过；如果做错事，不肯承认，还要极力掩饰，那就是错上加错了 【彼说长，此说短。不关己，莫闲管。】出自《弟子规》中的"信"篇：东家说长，西家说短，别人的是非很难弄清楚；如果与己无关，就不要去多管闲事
活动目标	1. 能准确说出《弟子规》中"信"的内容，了解其含义，能用恰当的语言与同伴交往，知道言行美的重要性 2. 喜欢听关于"谦虚谨慎"的故事，要做个谦虚好学的孩子 3. 乐于参与集体活动，在与人相处中能做到不揭他人短处，保守他人秘密 4. 理解认读"过能改，归于无。倘掩饰，增一辜"，懂得知错就改的道理，努力使自己成为品行高尚的人 5. 欣赏关于"好学乐学"的歌曲，能用自己喜欢的肢体动作大胆表现，知道应该做个谦虚好学的孩子 6. 尝试创作关于"谦虚谨慎"的美术作品，体验创作的乐趣

活动选编

古城幼儿园六月主题教育活动名称

谨言慎行　谦虚相伴（六月）	言语恰当　实事求是（小）	谦和虚心　严格自律（中）	严谨求实　谦虚好学（大）
	礼貌好宝宝	谦让是美德	言语讲文明
	出行守交规	说话要求真	勿论人是非
	行动要适宜	守信做得到	说话讲方法
	明理懂是非	交友学问大	知错我能改
	我会交朋友	善恶明做法	虚心好请教
	情绪小管家	遇事想办法	勤学求上进

出行守交规（小班）

活动目标：

（1）了解基本的交通规则，知道过马路时要走人行横道、看红绿灯。

（2）理解《过马路》儿歌内容，学习有节奏地朗诵儿歌。

（3）提高孩子们的交通安全意识，增强其自我保护能力，养成其遵守交通规则的好习惯。

设计思路：

说经验—懂事项—明做法—用日常。

活动准备：

物品准备：马路情境、红绿灯道具、交通安全操作单、课件（过马路安全视频、儿歌）。

活动过程：

一、相互交流，说说自己过马路的经验

师：孩子们，今天我带大家去郊游好不好？

师：你们准备好了吗？我们马上出发喽。（幼儿肩搭肩随音乐入场，有序就坐。）

师：孩子们，刚刚在来的路上你们都看到了什么？（红绿灯、斑马线。）

师：这些标志你们还在哪里看见过？

师：在过马路的时候我们需要注意些什么呢？

小结：过马路的时候，我们要和大人手拉手，不能在马路上玩耍打闹，还要注意看红绿灯，应走斑马线。

二、观看视频，明白过马路的安全事项

师：孩子们，我们再来一起看一看视频中的人们都是怎样过马路的。

师：他们做得对吗？为什么？

师：我们一起来听一听安全小卫士是怎么说的吧！

师：安全小卫士都说了什么？

小结：你们听得可真仔细，过马路时我们不仅要走斑马线，而且看见红灯要停下来，等绿灯亮了才能过，一定要遵守交通规则。

三、学习儿歌，明确安全过马路的做法

师：今天安全小卫士还给我们带来一首有关安全过马路的小儿歌，让我们一起来听一听吧。

师：儿歌中都说到了什么？

师：请你跟我一起读一读吧！（师幼共读。）

四、行为对照，懂得安全过马路的重要性

师：请你仔细观察这几幅图片，你能做到哪些呢？在能做到的图片下面粘贴一张笑脸吧！（出示幼儿排队、安静游戏、安静午睡、安静进餐等图片，让幼儿对照，审视自己的行为。）

师：谁来和大家分享一下你的行为表呢？

师：看来你们平时都能遵守规则，做到安全过马路，希望今后你们能坚持好的行为，做个遵守交通规则的好孩子。

交友学问大（中班）

活动目标：

（1）认读字卡，尝试用礼貌用语和同伴交往。
（2）学习初步的交往技能及与同伴友好相处的方法。
（3）体验与老师、同伴互相关心、互相帮助带来的快乐。

设计思路：

倾听故事内容—讨论交友学问—学说礼貌用语—懂得交友方法。

活动准备：

物品准备：小黑猪手偶、课件、“请”和“谢谢”字卡、动物头饰若干。

活动过程：

一、故事引题，激发学习兴趣

师：听，是谁在哭呀？（播放哭泣声，引出小黑猪。）

师：小黑猪你为什么哭呀？发生什么事了？（播放故事《小黑猪噜噜》。）

师：小动物们喜欢和小黑猪玩吗？为什么？

小黑猪：小朋友们都不喜欢跟我玩，这可怎么办呀？

师：孩子们，如果你是小黑猪，怎么做才能让小朋友喜欢你呢？

小结：和小伙伴交往要有礼貌，要多为他人着想，这样别人才会喜欢你。

二、相互讨论，学习交友方法

师：和你旁边的小伙伴说一说平时你是怎样和好朋友相处的。（教师巡回交流。）

师：谁来说一说？

小结：只有和小伙伴在一起友好相处，相互谦让，才会有更多的人喜欢你。

三、判断对错，谈谈自己的想法

师：交友的学问可多呢，我们一起来看看图片上的这些小朋友的行为是否正确？

师：如果是你，你会怎么做？

小结：一起分享玩具、懂得谦让、关心同伴、帮助他人、待人有礼貌，这些都是与朋友友好相处的学问。

四、认读字卡，学说礼貌用语

师：两个神奇的字宝宝可以让你们交到更多的好朋友，他们就是“请”和“谢谢”。

师：我们一起来读一读吧！

师：你还知道哪些礼貌用语？

小结：说礼貌用语也是交友的学问之一，我们常把礼貌用语挂嘴边，小伙伴自然就会和你成为好朋友了。

五、情景表演，懂得交友方法

1. 情景表演

师：今天我们学到了很多交友的学问，在生活中遇到这些情况我们应该怎么做呢？（教师出示场景。）

师：现在我们来玩一个角色扮演的小游戏，请你和身边的小伙伴一起商量各自表演的角色，然后带上相应的头饰进行表演，完成的小伙伴回到座位坐好。（教师巡回指导。）

师：谁愿意与你的小伙伴一起上来表演。

小结：朋友在一起互相关心、互相帮助多开心呀。

2. 活动延伸

师：这是点赞卡，只要你与好朋友做了一件大家都很开心的事，就给对方盖上印章。希望大家都能与朋友快乐度过每一天。（在班级进行“为你点赞”活动。）

说话讲方法（大班）

活动目标：

（1）理解故事内容，知道“言多必失”的意思。

（2）学习与他人交流的技巧，知道说话时要谨慎、适当。

（3）理解诵读“话说多，不如少。唯其是，勿佞巧”。

（4）探讨说话的方法，愿意用恰当的语言在不同的场合与人沟通。

设计思路：

听故事，明道理—诵经典，知意义—学说话，有方法—分场合，巧练习—生活中，会运用。

活动准备：

物品准备：PPT、青蛙点点的故事、情景图片。

活动过程：

一、倾听故事，明白“言多必失”的道理

师：孩子们，看这是哪里？呱呱，小池塘情境。

师：今天在池塘里会发生一件事情，让我们一起来看一看吧！

师：池塘里有一群青蛙，有一个叫点点的青蛙最爱说话，从早到晚呱呱地叫个不停。大家都非常烦它，然而点点反而自鸣得意，认为自己口才好，无人能及。一天，一条蛇游向了池塘，青蛙们吓得东躲西藏，不敢吭声，但是点点怎么也忍不住，叫个不停。蛇循声而至，一口吞掉了点点。点点被蛇吞进肚子之前，哀叹道：“要是能管住我的嘴，我也不会落得这么一个下场。”可怜的点点由于管不住自己的嘴，最后被蛇吞掉了。

师：点点为什么会被吃掉呢？

师：大家说得都很有道理，其实人也是如此，一旦话多，总会遭到不可预期的灾难。因为“言多必失”，即使再谨慎的人，话说多了总有纰漏。管不住自己嘴的人，不仅容易伤人，而且容易惹祸上身。语言是沟通和表达的工具，说话也要讲方法。

二、经典诵读，理解“言多必失”的含义

师：弟子规中有这样一句话“话说多，不如少。唯其是，勿佞巧”，说的就是多说话不如少说话，说话要实事求是，不能花言巧语。

师：让我们一起来读一读吧！（分组诵读。）

三、小组讨论，学习与人沟通方法

1. 说话要看对象

师：平时我们都喜欢和谁聊天呢？跟长辈说话我们应该注意些什么？（小组讨论。）

师：和小伙伴交流需要注意些什么？

小结：和长辈说话时要使用礼貌用语，不随便打断长辈讲话；和小伙伴聊天的时候要面带微笑，自己也会感觉到舒服；不能说脏话。

2. 说话要分场合

师：我们在不同的场合说话时需要注意些什么呢？

小结：不同的场合有不同的交流方式，在图书馆、博物馆等公共场所我们要轻声交谈；在生活场所要亲切自然，多用口语。

3. 轮流讲话，不轻易打断他人

师：当别人讲话时，如果你也想加入，应该怎么样做？

小结：在别人讲话时，我们要认真倾听，不随意打断别人讲话，等别人讲完再进行交流。

四、不同场合，巧妙开展对话练习

1. 场景一：图书馆

师：你们看这是哪里？我们在这里应该怎么做？说话时要注意什么？这里发生了什么？你觉得这个小朋友做得对吗？你会怎么做呢？

2. 场景二：孩子难过的场景

师：看到这个场景你应该怎么做？你会说什么？

3. 场景三：小伙伴吵架的场景

师：看到这个场景你会怎么做？你会说什么？

小结：在图书馆看书时，我们要轻拿轻放图书，尽量不说话，如果需要交流要小声交流；看到小朋友难过时我们要用轻柔的语气问一问他们发生了什么事情，是否需要帮助等；看到小伙伴正在争吵时，要用劝解的语气与他们交流。

五、音乐游戏，乐于在生活中应用

师：孩子们，接下来我们要玩一个好玩的游戏，叫作“我说你做”。老师说出地点和情境，你们用身体动作表现说话的方式，请你认真听哦！

教师提示：图书馆、难过时、吵架时等。（幼儿自由表演。）

师：你们还想到了哪些不一样的场景呢？快来说一说吧！（个别幼儿回答。）

师：现在两人结组，商量一下你们想表演的对话场景吧！（幼儿结组游戏。）

师：你们都商量好了吗？今天我给你们带来了好听的音乐，谁愿意和小伙伴一起到前面来表演呢？（个别幼儿展示。）

师：请你和好朋友手拉手来到教室中间，一起跟随音乐表演吧！

师：孩子们，在你们的表演中，我看到了你们在不同场合能有礼貌地与人交流，希望你们能将今天学习的知识运用到生活中，做一个会说话、会交流的好孩子。

延 伸 活 动

美丽小雨伞（小班）

游戏目标：

欣赏雨伞的图片，能够顺着一个方向有规律地涂色，了解雨伞的外形特征，体验绘画创作的快乐。

游戏材料：

雨伞的图片、蜡笔、背景纸、涂色方法图。

游戏玩法：

（1）欣赏雨伞图片，了解雨伞的外形特征。
（2）依据涂色方法图，学习按一个方向涂色，选择自己喜欢的颜色，为雨伞涂色。

跳格子游戏（小班）

游戏目标：

尝试说出图片上的内容，了解安全出行的方法。

游戏材料：

骰子、出行习惯图、格子板。

游戏玩法：

两人轮流掷骰子，按照骰子的点数跳格子，并说出格子里面图片的内容。

舞乐音阁（中班）

活动目标：

尝试用打击乐器为歌曲《弟子规》进行伴奏，体验用打击乐器伴奏的乐趣。

活动准备：

图谱、乐器。

活动玩法：

（1）听歌曲《弟子规》，熟悉歌曲旋律。
（2）选择合适的乐器与同伴合作为歌曲伴奏。
（3）采用自己喜欢的动作进行表演。

夺宝奇兵（中班）

活动目标：

掷骰子，走到对应格子，说出图片内容，并判断图片行为对错，

活动材料：

地面迷宫、骰子、头饰、弟子规大礼包图片。

活动玩法：

（1）两人游戏，掷骰子决定前进或后退的步数。

（2）判断图中人物行为的对错，说对了即可前进一步，说错了则倒退一步，最终先到达终点的幼儿获胜，游戏可反复进行。

拼图游戏（大班）

活动目标：

玩“拼图”游戏，尝试将弟子规行为图片拼摆完整，感受整体与部分的关系。

活动材料：

《弟子规》行为图片、立体拼图板、完整图片。

活动玩法：

仔细观察拼图，找到与之相关连的拼图放在一起，尝试将图片拼摆完整。最后翻开背板底图验证答案。

快乐向前冲（大班）

活动目标：

与同伴合作，根据《弟子规》的相关内容判断人物行为对错，养成虚心好学的好品质。

活动材料：

自制骰子、记录单、行为图片。

活动玩法：

与同伴合作拼摆地垫，选择不同的图卡定位在相应的格子中作为游戏的关卡。两人轮流掷骰子，依据规则进行游戏。

周 回 忆

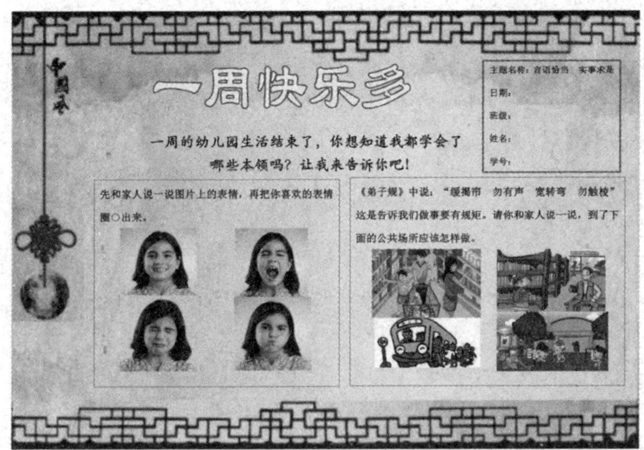

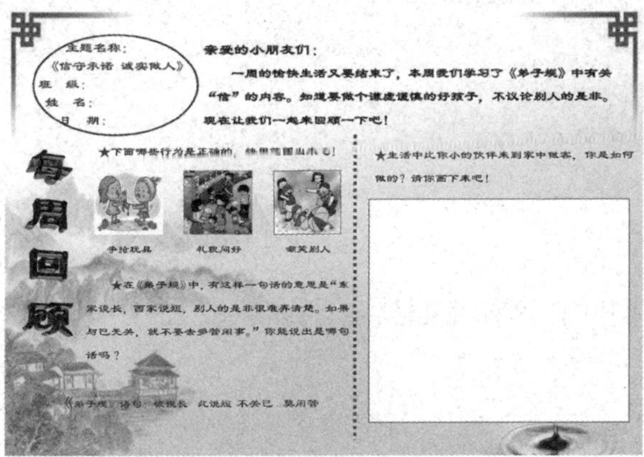

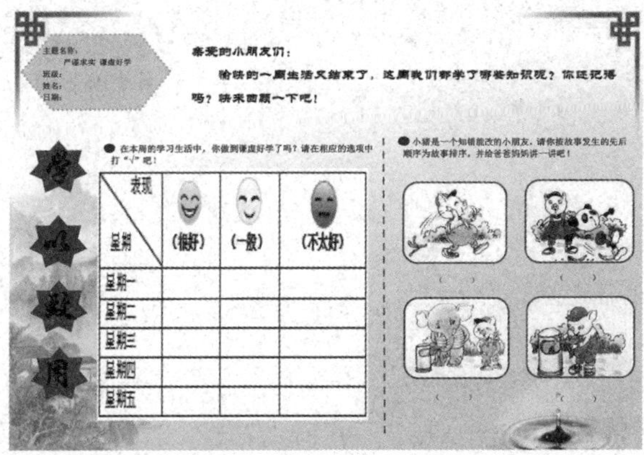

表现 / 星期	(很好)	(一般)	(不太好)
星期一			
星期二			
星期三			
星期四			
星期五			

家园共育

求实好学益无穷

——致家长的一封信

亲爱的家长们：

您好！严谨求实谦虚好学，是一种高尚的品质。《弟子规》中的“信”就是教导我们如何严格要求自己的言行。在日常生活中我们要严于律己，谦逊好学。我们将在本月开展“严谨求实 谦虚好学”主题教育活动，让孩子们从日常生活的言行做起，养成好习惯，传承中华传统美德。

在接下来的时间里，我们将和宝贝们共同携手走进“严谨求实 谦虚好学”主题。在活动中，我们以经典故事、情境再现等形式为主线索，让孩子们了解主题内容的精髓。通过活动让孩子们懂得严谨求实、乐学好学的道理，做到宽以待人、严格要求自己。《弟子规》中的“话说多，不如少。唯其是，勿佞巧”和“奸巧语，秽污词。市井气，切戒之”两句也体现了说话做事要严格要求自己，要实事求是、宽以待人。

为了宝贝们能了解更多的主题知识，让我们携手一起走进道德伦理的大门吧！我们一起收集相关品德高尚的人物的资料，带着孩子们寻找心目中的崇拜者，鼓励他们严格要求自己，虚心向榜样学习，树立良好的道德品质，加强孩子们的经验与文化积累。请您配合我们完成以下工作：

1. 与宝贝一起聆听关于好学乐学的经典故事，并选择其中一个故事进行绘画。
2. 收集有关严谨求实的视频资料、故事。
3. 发现身边的榜样，并和家人一起用拍照、绘画的形式记录下来。

让我们共同参与，用实际行动影响孩子，让他们从小养成好的行为品质，做一个德才兼备的人。我想这是我们共同的心愿，让我们共同努力，一起加油吧！

大班老师敬上

“谨言慎行 谦虚相伴”主题教育活动家园共育计划

主题名称	言语恰当 实事求是（小班）	
项目	内容	实施途径
利用家长资源	1. 请家长与孩子在家中共同查阅、搜集有关诚实的书籍和故事，在开展主题教学活动时，将所搜集的图片、故事、童谣等与小伙伴们交流分享	翻阅图书、网络搜索
	2. 在日常生活中，与身边的小伙伴相处时发现对方的优点和长处，向他们虚心学习	体验活动、经验分享
	3. 诵读《弟子规》：“见人善，即思齐。纵去远，以渐跻。见人恶，即内省。有则改，无加警。”“缓解帘，勿有声。宽转弯，勿触棱。”“无心非，名为错。有心非，名为恶。”在日常生活中，家长要培养孩子向他人虚心学习。及时改正缺点的好品质	经验分享
开展亲子活动	请家长和孩子共同参加“亲子故事会”活动，了解有关诚实守信的故事，感受亲子讲故事的乐趣	体验活动

团圆明理 践行相伴

——九月主题教育活动

活动目标

“月饼寄情　相亲相爱”主题教育活动目标

班级：小班组

主题释译	【步从容，立端正。揖深圆，拜恭敬。】出自《弟子规》中的“谨”篇：走路要不急不慢、从容大方，站立时身体要端正；作揖时要把身子躬下去，叩首时要恭恭敬敬 【勿践阈，勿跛倚。勿箕踞，勿摇髀。】出自《弟子规》中的“谨”篇：进出门时不要踩门槛儿，不要一条腿支撑身体斜着靠，坐着时双腿要并拢，不要摇晃大腿 【中秋节】这一天月亮满圆，象征着团圆。因此，中秋节又称为团圆节，是举家团圆的日子。中秋节自古便有赏月、吃月饼等习俗，流传至今，经久不息。人们在中秋节进行画兔爷、吹糖人、投壶等传统活动来庆祝中秋
活动目标	1. 理解团圆的意义，知道中秋节是举家团圆的日子，在团聚中学习坐立、站立的礼仪，养成良好的行为习惯 2. 喜欢听中秋节的故事，跟读中秋节的童谣，感受童谣的韵律美，尝试用自己喜欢的方式表达对家人的亲情 3. 初步了解月饼，尝试制作与品尝月饼，体验活动的乐趣 4. 参与赏月活动，知道中秋之夜月亮的特征 5. 愿意参与画兔爷、吹糖人等艺术活动，尝试表达自己的喜悦心情，从中获得美的感受 6. 喜欢参与中秋节“走亲访友”活动，从中学习作揖、鞠躬的基本礼仪，养成良好的礼仪习惯

“聚首赏月　知理用礼”主题教育活动目标

班级：中班组

主题释译	【兄道友，弟道恭。兄弟睦，孝在中。】出自《弟子规》中的“出则悌”篇：作为哥哥要爱护弟弟，弟弟要尊重哥哥。兄弟之间和睦相处，对父母的孝心也包含在其中 【将入门，问孰存。将上堂，声必扬。人问谁，对以名。吾与我，不分明。】出自《弟子规》中的“谨”篇：准备进入别人家门时，应该先敲门，问一声“有人在吗？”，主人允许后才能进入。将要走进客厅时，声音要提高一些，以便让里面的人知道。当里面有人问是谁时，要将自己的姓名告诉对方。如果只回答“是我”，那对方就弄不清楚你是谁了 【中秋节】农历八月十五是我国传统节日——中秋节，中秋节自古便有赏月、玩花灯、走月亮、观潮等习俗，流传至今，经久不息。中秋节以月圆兆人之团圆，为寄托思念故乡、思念亲人之情，祈盼丰收、幸福，成为丰富多彩、弥足珍贵的文化遗产
活动目标	1. 知道农历八月十五是我国的传统节日——中秋节，初步了解中秋节的来历，知道赏月、玩花灯、走月亮、观潮等习俗，懂得家人团圆的意义 2. 喜欢聆听并理解有关中秋节的古诗，感受古诗的意境美 3. 知道月饼、团圆馍等是中秋节的特色美食，并了解其代表的寓意，在品尝美食的过程中学会分享、谦让 4. 观察月亮，发现月亮的变化，尝试将结果与同伴进行交流 5. 喜欢参加与中秋相关的歌曲表演、泥工制作等艺术活动，尝试用不同形式创造与表现，感受作品的有趣与美妙 6. 理解“将入门，问孰存。将上堂，声必扬”的意义，懂得在节日做客时的礼仪

“月满中华　守德明理”主题教育活动目标

班级：大班组

主题释译	【事诸父，如事父。事诸兄，如事兄。】对待自己的叔叔伯伯等父辈，应像对待自己的父亲一样；对待兄长辈的亲友，也应像对待自己的兄长一样 【凡是人，皆须爱。天同覆，地同载。】不论是什么人，我们都要互相关心、爱护和尊敬，因为我们共同生活在同一片蓝天下、同一块土地上。只要是人，不分族群、人种、宗教信仰，皆须相亲相爱。同是天地所生，应该不分你我、互助合作，才能维持这个共生共荣的生命共同体 【凡取与，贵分晓。与宜多，取宜少。】物品和财物的取得和给予，一定要分辨清楚，不可含糊。宁可多给别人一些，自己少拿一些 【中秋节】每年农历八月十五日，是我国传统的中秋佳节。自古以来中秋节就是丰收、幸福、团圆、明理而共同庆祝的日子。从时令上看，中秋是“秋收节”；从渊源上看，中秋是“赏月节”。在民间流传有祭月、赏月、拜月、吃月饼、赏桂花、饮桂花酒等中秋习俗。在中秋月满时节，中华儿女都合家团聚喜庆中秋，体现了民族团结、守德明理的高尚品质
活动目标	1. 能准确说出中秋节的时间及民间俗称，知道中秋节起源于古代帝王祭祀活动，感受中秋节月满中华、普天同庆的热闹氛围 2. 喜欢欣赏和阅读与中秋节相关的谜语、诗词等，了解其特点，乐于仿编和创编，感受其意境美、韵律美，懂得人与人之间要互敬互爱 3. 知道中秋节南北地域的特色美食，了解其寓意及食物的营养价值，尝试进行创意制作并懂得分享的道理，在生活中能做到取舍有度 4. 了解赏月的意义，与家人一同观察，了解月亮变化的规律，能用多种方式表现、交流、分享探索的过程和结果，体验与家人共同赏月的幸福感 5. 欣赏中秋节相关的乐曲、歌曲，能用自己喜欢的肢体动作大胆进行表现，体验用动作表现对歌曲的理解 6. 了解中秋节少数民族“行月、跳月”等传统活动，感受不同民族的节日文化，体验亲情、友情以及民族团圆的幸福感

活动选编

古城幼儿园九月主题教育活动名称

团圆明理　践行相伴（九月）	月饼寄情　相亲相爱（小）	聚首赏月　知理用礼（中）	月满中华　守德明理（大）
	中秋知团圆	中秋聊习俗	观空知月变
	十五话圆月	巧做团圆饼	明礼待尊长
	月饼甜又香	金秋识螃蟹	月饼种类多
	爷爷打月饼	中秋绘花灯	月满桂花香
	中秋正言行	月行人相随	中秋品茗茶
	坐立需端正	赏月盼团圆	取予要分明
	全家共团圆	亲友度佳节	浓情满中秋

月饼甜又香（小班）

活动目标：

（1）知晓吃月饼是中秋节的习俗。

（2）观察品尝月饼，了解月饼的形状和味道，尝试运用团、捏等技能动手制作月饼。

（3）乐意与他人分享月饼，体验分享的快乐。

设计思路：

了解月饼意义—发现外形特征—尝试制作月饼—知晓口味不同—懂得分享月饼。

活动准备：

经验准备：和家人一起吃过月饼。

物品准备：月饼、PPT。

活动过程：

一、欣赏视频，了解吃月饼的意义

师：孩子们，中秋节到了，你们知道在这一天人们都做什么事，吃什么食物吗？

师：中秋节有吃月饼的习俗。那为什么要吃月饼，月饼有什么寓意呢？我们一起来看一看吧！（播放中秋节吃月饼相关视频。）

小结：月饼还有一个好听的名字叫“团圆饼”，最常见的就是像月亮一样圆形的，代表着团圆。

二、观察实物，发现月饼外形特征

师：中秋节就要到了，老师带来了很多月饼，我们一起来看看吧！

师：月饼的颜色一样吗？你最喜欢什么颜色的月饼？

师：月饼都有什么形状呢？请你说一说吧！

师：你吃过月饼吗？你吃的是什么形状的月饼？

小结：月饼有很多不同的形状，如圆形、正方形、三角形、花朵形、心形、星形等。月饼的颜色也是五彩缤纷的，十分漂亮！

三、品尝月饼，知晓月饼有不同口味

师：我们一起来尝一尝这些美味的月饼吧！（每组一盘切好的月饼。）

师：孩子们，月饼馅里有什么？是什么样子的？ 谁来说说你的发现？

师：它们是什么口味的？

小结：月饼有着各种各样的馅料，如：五仁馅、水果馅、枣泥馅、肉松馅、蛋黄馅、黑芝麻馅等。所以月饼有咸、甜等多种口味。

四、制作月饼，尝试用团、捏等技能

师：月饼可真美味，我们一起来试着做一块月饼送给我们的家人吧！

1. 幼儿探索做月饼的方法

教师发给每人一块面团，请小朋友想想并试一试，怎样把面团变圆、变扁，做成月饼？

教师讲解团圆、压扁的方法，并向幼儿介绍可以利用的材料，如小瓶盖、小圆盒等，引导幼儿试一试。

2. 交流经验

请做好月饼的小朋友展示自己的作品，并向大家介绍自己的制作方法。教师帮助讲解或提示：先把面团放在两手中团圆，再将其放在垫板上用手掌压扁，中心放入馅料捏紧，再将面团圆装进小圆盒子压平，倒出，然后拿小瓶盖或小玩具在上面压上图案，月饼就做好了。

3. 再次实践

懂得尝试用自己或他人的新方法再次做月饼。

五、分享月饼，懂得与大家共分享

师：我们一起将月饼放入烤箱，等待香喷喷的月饼出炉。

师：你都想和谁一起分享呢？

小结：分享是一件快乐的事，相信能品尝到你做的月饼，他们一定会很开心的。

金秋识螃蟹（中班）

活动目标：

（1）了解螃蟹的外形特征及生活习性。
（2）知晓健康食蟹的相关常识。
（3）学会大胆地提出并探究自己感兴趣的问题。
（4）体验与同伴共同探索研究的乐趣。

设计思路：

了解螃蟹外形特征—主动探究螃蟹—知晓螃蟹习性—懂得食蟹方法。

活动准备：

物品准备：自制问题卡若干、实物螃蟹 6 只、《金秋识螃蟹》PPT、健康食蟹视频、材料箱（里面放有纸条、塑料软棒、毛线、放大镜、筷子等）。

活动过程：

一、师幼谈话，活动自然导入

师：孩子们，你们知道现在是什么季节？在这美丽的秋天里你最喜欢吃什么？

师：秋天是丰收的季节，有很多的水果、蔬菜都成熟了，也是收获海产品的季节，尤其是此时的螃蟹，肉厚肥嫩，味道鲜美，所以大家都会选择在秋季吃螃蟹。

二、观察螃蟹，了解外形特征

1. 认识胸足

师：今天我带来了很多的螃蟹，你们瞧！（展示螃蟹，引导幼儿观察。）

师：谁来说说，小螃蟹长什么样？（大钳子、八条腿、硬硬的壳……）

师：你们观察得真仔细，发现了小螃蟹这么多秘密。

师：那我们先观察螃蟹的脚都长在哪里？有几只？长什么样？它们是怎么爬的？

师：你们知道这是什么吗？它长得像什么？（让蟹钳住筷子，展示出它的一对大螯。）

小结：螃蟹前面的两只大钳子一样的脚有一个好听的名字叫螯，其余的八只脚是一节一节的，靠近身体的一节粗，中间的一节比较细，最前面的一节是尖尖的。它们都是螃蟹的胸足。

2. 认识身体

师：蟹的身体是什么形状？是什么颜色？摸一摸蟹的身体，有什么感觉？蟹除了身上有硬壳，还有哪里有硬壳？

小结：蟹是椭圆形的。有的蟹颜色是青灰色的，有的是黑灰色的。蟹的浑身上下都有硬壳。

师：蟹有没有头？头长在哪里？头上有什么？眼睛是什么样的？

小结：蟹的头和身体是连在一起的，头部有一对触角，还有嘴。它的两只眼睛有时伸出来，有时缩回去。

三、分组讨论，确定探究问题

师：除了这些，小螃蟹的秘密还有很多呢！这些都是你们前期制作的问题卡，我进行了梳理，我们一起来看看大家都提出了哪些问题。（老师将幼儿的问题用简笔画展示出来。）

问题 1：小螃蟹为什么会吐泡泡？

问题 2：小螃蟹的触角是做什么的？

问题 3：小螃蟹为什么横着走？

问题 4：小螃蟹吃什么？

问题 5：螃蟹怎么分辨雌雄？

问题 6：小螃蟹的眼睛为什么一会儿伸出来，一会儿缩回去？

师：请每个小组都选择一个问题，今天你们就当一回小小科学家，通过自己的研究来寻找问题的答案。

四、小组探究，寻找问题答案

师：你们需要什么工具？想怎样来研究呢？先在小组里讨论一下。

师：现在你们都想好了吧，如果需要什么材料就到材料箱里去拿，材料箱里没有的可以请老师帮助。

师：下面请各个小组把探究的结果告诉大家，我们来一起分享。其他小朋友要认真听，如果有什么新的问题、新的发现，等会儿可以向他们提问。

师：谁来说一说你都找到了什么答案？

师：你们观察得很仔细，答案是否正确呢？让我们一起来看一看吧！（播放视频。）

小结：螃蟹离开了水面便靠吹泡泡来呼吸。蟹长得比较小，有保护色，身上有硬壳，长有一对大螯。蟹的眼睛会伸缩，一旦发现有什么动静，马上边爬边挖洞躲起来。蟹在陆地上和水里面都能生活。

五、观看视频，懂得食蟹方法

师：孩子们，你们喜欢吃螃蟹吗？那吃螃蟹时我们应该注意什么呢？（播放视频。）

师：哪些螃蟹我们吃了会生病？为什么？

小结：蟹属于寒性食物，小孩和身体弱的人要少吃。我们不能吃死蟹、隔夜的蟹、生蟹和醉蟹。因为这些蟹体内会有寄生细菌，食用后会让我们生病，或引发恶心呕吐等症状。另外，螃蟹的蟹鳃、蟹肠、蟹心和蟹胃四个部位也不要吃。螃蟹的体表、鳃部和胃肠沾满了细菌、病毒等致病微生物，有些毒素即使在加热后也仍然存在，建议孩子们只吃螃蟹的白肉。

月饼种类多（大班）

活动目标：

（1）知晓月饼的种类，了解其特点，感受中国传统美食的独特魅力。

（2）掌握制作月饼的方法，尝试制作广式月饼。

（3）体验与同伴共同制作的快乐。

设计思路：

聊美食—找特点—说种类—学方法—巧制作。

活动准备：

物品准备：PPT、月饼若干块（京式月饼、广式月饼、苏式月饼）、《制作月饼步骤》微课、制作月饼的材料。

活动过程：

一、师幼交流，说说自己吃过的月饼

师：孩子们，中秋节马上就要到了，你们知道中秋节的美食都有什么吗？

小结：中秋节的传统美食有很多，像桂花酒、芋头、田螺等，刚刚你们说的月饼是中秋节特有的传统美食。

二、观察月饼，发现月饼的不同特点

1. 看一看，闻一闻

师：今天，我给大家带来三款月饼，请你和身边的小伙伴一起来看一看、闻一闻，你发现这三款月饼有什么相同和不同吗？

师：还有什么发现？

2. 摸一摸，尝一尝

师：让我们再来摸一摸这三块月饼的皮有哪些不同呢？

小结：月饼有的皮薄、馅多，有的皮薄、酥软，有的皮特别酥。

师：现在让我们每人拿一小块尝一尝吧！慢慢品尝，把你尝到的味道和身边的小朋友说一说。

师：你认为自己吃的月饼是什么口味的？谁愿意和小伙伴来说一说？

小结：原来月饼的口味也不同，有甜的、咸的，还有甜咸的。月饼的皮也不同，有的月饼皮吃起来是酥脆的，有的是酥软的。

三、归纳总结，知晓月饼的种类繁多

1. 观看归纳单，发现特点

师：我们刚刚看到、吃到的月饼，它们都有哪些不同呢？（教师和幼儿一同观察归纳单。）

师：还有谁发现了不同？

小结：我们日常经常吃的是广式月饼，它的特点是皮薄馅大；像我们刚才吃的白色的、皮软软的那种就是京式月饼；苏式月饼的特点是层层酥脆，甜咸适口，油而不腻。

2. 观看视频，拓展知识

师：广式月饼、京式月饼还有苏式月饼是中秋佳节最典型的三种月饼，其实月饼的种类还有很多，我们一起通过视频来了解一下吧！

师：看了视频，你还知道了哪些月饼？

小结：原来月饼的种类这么多呀，除了我们今天品尝的广式月饼、苏式月饼、京式月饼以外，还有台式月饼、港式月饼等等。

四、观看微课，知晓月饼的制作过程

1. 观看微课，了解月饼的制作步骤

师：这么多不同种类的月饼是怎么制作出来的呢？你们一定很想知道吧！让我们一起来看一看吧！

2. 说一说制作的步骤，学习制作方法

师：我们来说一说月饼是怎么制作的。（出示制作过程图片。）

3. 教师小结

师：你们可真棒呀！把制作月饼的过程都说出来了，第一步准备材料，第二步面团压成面饼，第三步放入馅料（一定要包裹严实），第四步压出花纹，第五步烤月饼。

五、亲身体验，尝试制作美味的月饼

1. 动手制作，教师指导

师：大家都了解了月饼的制作过程，我们一起动手试一试吧！记得一定要将馅料包裹严实哦！做好的月饼可以放到托盘中摆放好，和小伙伴一起来欣赏一下。

2. 欣赏作品，交流分享

师：许多小伙伴的月饼都做好了，请你和身边的小伙伴说一说，你最喜欢哪块月饼，为什么？

3. 知识拓展，健康饮食

师：美味的月饼制作完成啦！现在我们把月饼送到厨房，请厨师阿姨为我们烤制香喷喷的月饼吧！

延 伸 活 动

跳格子游戏（小班）

游戏目标：

竞赛玩“跳格子”游戏，尝试说出图片上的内容，了解中秋节的习俗。

游戏材料：

骰子、中秋节习俗图片、格子板。

游戏玩法：

两个小朋友互相掷骰子，掷的数字大的一方向前跳一个格子，并说出格子中图片的内容，最先到达终点者为胜。

给小动物喂食（小班）

游戏目标：

根据动物的大小特征，选择相应的月饼给小动物喂食，学会辨别大小。

游戏材料：

小熊、大熊、大小不同的月饼图片。

游戏玩法：

根据动物嘴巴的大小、形状特征，选择合适的

（月饼）图片给小动物喂食。

美味的月饼（中班）

活动目标：

欣赏各种月饼图片，了解月饼的样式和制作方法，尝试用团圆、揉、搓、捏的方法创意制作月饼。

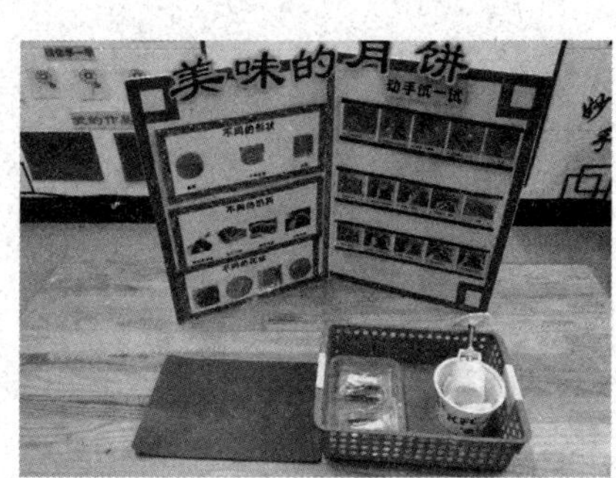

活动材料：

各种月饼图片、月饼模具、黏土、月饼制作的方法图和步骤图。

活动玩法：

欣赏各种月饼图片，仔细观看月饼的制作方法，选择喜欢的彩泥和模具，创意制作月饼。

小记者（中班）

活动目标：

扮演“小记者”，调查、采访同伴，锻炼主动与人交流、沟通的技巧，增强语言表达能力。

活动材料：

访问记录单、笔、记者证、自制话筒。

活动玩法：

佩戴记者证，扮演“小记者”对同伴进行调查、采访，认真做好调查记录。

剪之苑——月宫玉兔（大班）

活动目标：

欣赏“月宫玉兔”相关图片，尝试用沿轮廓剪和填画方法创作月宫情景图，锻炼手部小肌肉的灵活性和控制能力。

活动材料：

废纸、剪纸步骤图、剪刀。

活动玩法：

欣赏“月宫玉兔”相关图片。沿轮廓将图案剪下来。将剪下来的图片粘到白纸上并进行填画创作。

搭搭乐（大班）

活动目标：

根据中秋场景图片找出印有中秋节有关物体的纸筒，能够用连贯的语言从下到上描述场景和物品，了解中秋节的习俗。

活动材料：

中秋节场景图、纸筒、有关中秋节物品的图片。

活动玩法：

选择中秋节场景图，根据场景图选择与中秋节有关的物品进行拼搭，用自己的语言进行表述。

周回忆

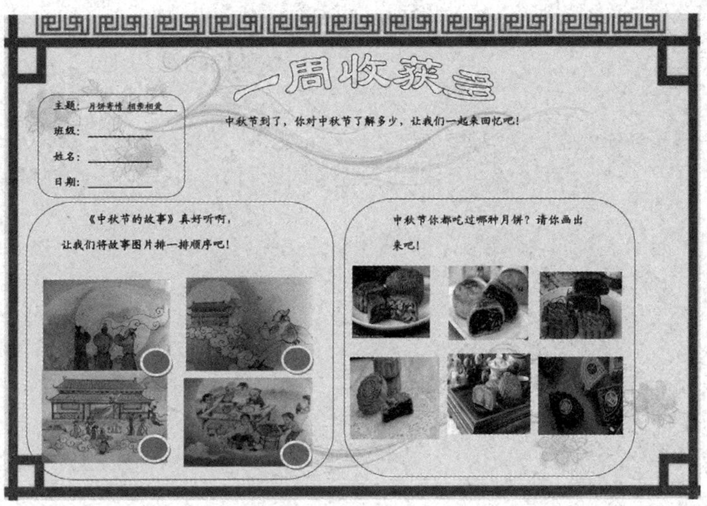
一周收获吾
主题：月饼寄情 相亲相爱
班级：
姓名：
日期：
中秋节到了，你对中秋节了解多少，让我们一起来回忆吧！
《中秋节的故事》真好听啊，让我们将故事图片排一排顺序吧！
中秋节你都吃过哪种月饼？请你画出来吧！

快乐的一周
——主题《聚首赏月 知礼用理》
通过一周的学习
我认识了很多灯笼，有幼儿园里的，有小伙伴带来的，有爸爸妈妈找到的灯笼的图片，让我来告诉你们吧！
请你也来设计一个自己喜欢的灯笼吧！
班级：____ 姓名：____
学号：____ 日期：____
通过一周的学习，
我学会了一首好听的歌曲，让我唱给你听听吧！
月亮婆婆喜欢我
月亮婆婆喜欢我，洒下月光把我摸。
我走她也走，我停她也停。
我走她也走，我停她也停。
我走她也走，我停她也停。

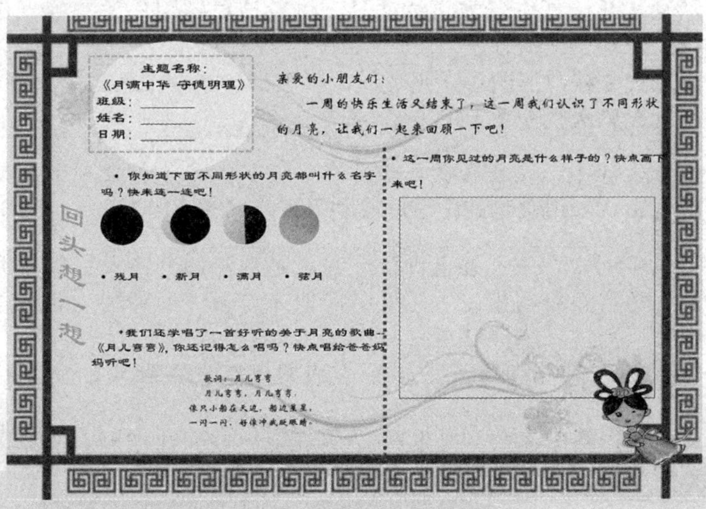
主题名称：
《月满中华 守德明理》
班级：
姓名：
日期：
亲爱的小朋友们：
一周的快乐生活又结束了，这一周我们认识了不同形状的月亮，让我们一起来回顾一下吧！
• 你知道下面不同形状的月亮都叫什么名字吗？快来连一连吧！
• 残月 • 新月 • 满月 • 弦月
回头想一想
•我们还学唱了一首好听的关于月亮的歌曲——《月儿弯弯》，你还记得怎么唱吗？快点唱给爸爸妈妈听吧！
歌词：月儿弯弯
月儿弯弯，月儿弯弯，
像只小船在天边，船边星星，
一闪一闪，好像冲我眨眼睛。
• 这一周你见过的月亮是什么样子的？快点画下来吧！

家园共育

大家小家共团圆

——致家长的一封信

亲爱的家长朋友：

中秋节是中国传统节日之一，为每年的农历八月十五。中秋节，又称月夕、秋节、仲秋节、八月节、八月会、追月节、玩月节、拜月节、女儿节或团圆节，是让孩子们观赏月亮、品尝美食、与家人团圆的美好时机。

在接下来的时间里，我们将和宝贝们共同携手走进“月满中华　守德明理”主题活动。在活动中我们以传说、神话故事“嫦娥奔月”“天狗吃月”为主线索，通过观察、探索月亮，发现月亮的秘密。中秋节也是团圆节，这一天家人围桌而坐，共赏圆月，品尝月饼、桂花糕等传统美食。让孩子们感知人们在中秋月圆时思念家乡、思念亲人的情感，懂得中秋佳节亲人团聚的快乐。在《弟子规》“凡是人，皆须爱。天同覆，地同载”和“凡取与，贵分晓。与宜多，取宜少”两句中也体现了人与人之间互敬互爱分享的道德风尚。

为了宝贝们了解更多中秋节知识，请您配合我们完成以下工作：

1. 与宝贝一起聆听有关中秋节的传说故事，并选择其中一个故事进行绘画。
2. 观察月亮变化规律，进行简单的记录。
3. 带一张一家人团圆、赏月的照片。
4. 收集月饼上不同花纹的图片。

孩子的成长离不开您的帮助，我们期待您一如既往地支持，让孩子度过一个有意义的中秋佳节。

大班老师敬上

“团圆明理　践行相伴”主题教育活动家园共育计划

主题名称	月满中华　守德明理（大班）	
项目	内容	实施途径
利用家长资源	1. 请家长与孩子在家中共同查阅、搜集有关中秋节的节日特点和民俗活动，在开展主题教学活动时，将所搜集的图片、故事、儿歌等与小伙伴们交流分享	翻阅书籍、网络搜索
	2. 搜集有关中秋节的图片、照片等，引导孩子了解中秋节的起源，知道不同民族庆祝中秋节的方法	经验分享、网络搜索
	3. 在日常生活中，家长和孩子多关注中秋节的特色美食，了解其代表的含义，知道食物的做法、食材及营养成分	翻阅书籍、网络搜索、实践操作
	4. 在日常生活中，家长要告诉孩子养成勤洗澡、勤换衣、勤剪指甲、勤锻炼等良好习惯，并且要多向他人学习，提高幼儿的各方面的能力	经验分享
开展亲子活动	1. 快乐阅读。家长和孩子共同阅读和搜集有关中秋节的书籍和资料 2. 亲子赏月，共度佳节（摄影展）。亲子赏月吃月饼留念，增进亲子感情，在孩子成长的过程中留下温馨美好的回忆	实践活动、美工活动、网络搜索、阅读书籍

爱满重阳 感恩相伴

——十月主题教育活动

活 动 目 标

“重阳敬老　感恩你我”主题教育活动目标

班级：小班组

主题释译	【父母呼，应勿缓。父母命，行勿懒。】出自《弟子规》中的“入则孝”篇：父母呼唤，应及时回答，不要慢吞吞地很久才应答；父母有事交代，要立刻动身去做，不拖延或推辞偷懒 【父母教，须敬听。父母责，须顺承。】出自《弟子规》中的“入则孝”篇：对父母的教诲，我们要恭敬地聆听；对父母的责备，我们要顺从地接受 【重阳节】重阳节为每年的农历九月初九日，是汉族的传统节日，又称老人节。在这一天，人们登高望远，思念亲人。由于“九九”的谐音是“久久”，有长久之意，所以常在此日祭祖与推行敬老崇孝活动。重阳节的习俗很多，如出游赏秋、登高远眺、观赏菊花、插茱萸、吃重阳糕、饮菊花酒等
活动目标	1. 理解敬老的意义，知道重阳节是老人的节日 2. 喜欢听重阳节的故事，跟读重阳节的童谣，感受童谣的旋律美，尝试用自己喜欢的方式表达对长辈的孝顺、尊敬 3. 初步了解重阳糕，尝试制作与品尝，体验活动的乐趣 4. 参与赏菊活动，了解菊花的特征，懂得爱护花草 5. 愿意为长辈表演节目，尝试表达自己的感恩之情，从中获得快乐 6. 喜欢参与重阳节敬老的活动，懂得尊敬感恩父母

“九九登高　尊孝两全”主题教育活动目标

班级：中班组

主题释译	【身有伤，贻亲忧。德有伤，贻亲羞。】出自《弟子规》中的“入则孝”篇：如果我们的身体受了伤，会让我们的父母伤心；德行上有欠缺，会让父母蒙羞受辱 【长呼人，即代叫。人不在，己即到。】出自《弟子规》中的“出则悌”篇：听到年长者叫人时，应立即替他去叫。如果被叫的人不在，自己就应立即到年长者那里去，看看有什么事情需要做 【亲所好，力为具。亲所恶，谨为去。】出自《弟子规》中的“入则孝”篇：凡是父母喜欢的，我们要尽力为他们准备好；凡是父母讨厌的，我们要及时处理掉 【重阳节】重阳节为每年的农历九月初九日，是汉族的传统节日，又称老人节。在这一天，人们登高望远，思念亲人。由于“九九”的谐音是“久久”，有长久之意，所以常在此日祭祖与推行敬老崇孝活动。重阳节的习俗很多，如出游赏秋、登高远眺、观赏菊花、插茱萸、吃重阳糕、饮菊花酒等

（续表）

活动目标	1．知道农历九月初九是重阳节，初步了解重阳节的来历，知道登高、赏菊、吃重阳糕、放风筝等习俗，懂得其寓意 2．愿意聆听并理解有关重阳节的古诗，感受古诗中的思亲思乡之情 3．知道重阳糕是重阳节的特色美食，并理解其代表的寓意。在品尝美食的过程中能大胆对长辈表达自己的敬爱之情，喜欢为他人服务，建立初步的责任感 4．欣赏菊花的美，认识菊花的外形特征和常见种类，学习按事物的相同特征分类。创意制作菊花 5．喜欢参加与重阳相关的歌曲表演、泥工制作等艺术活动，尝试用不同形式创造与表现，感受作品的有趣与美妙 6．知道保护自己的安全、减少父母担忧也是孝顺父母的一种方式 7．在日常生活和游戏中，知道有答必应，帮助长辈做力所能及的事情

“登高赏菊　孝亲敬老”主题教育活动目标

班级：大班组

主题释译	【亲爱我，孝何难。亲恶我，孝方贤。】出自《弟子规》中的“入则孝”篇：父母喜欢我，我做到孝顺又有什么困难呢？父母不喜欢我，我还能用心尽孝，这才是真正的孝道 【亲有过，谏使更。怡吾色，柔吾声。】出自《弟子规》中的“入则孝”篇：父母有过失，当子女的应当耐心劝说使其改正。劝说时一定要和颜悦色，轻声细语。 【恩欲报，怨欲忘。抱怨短，报恩长。】出自《弟子规》中的“泛爱众”篇：受人恩惠，要感恩在心、常记不忘，并时时想着报答；别人有对不起自己的地方，过去了就算了，不要老放在心上，要宽大为怀，尽快忘掉 【重阳节】重阳节为每年农历的九月九日，是汉族的传统节日，又称“老人节”，由于“九九”的谐音是“久久”，有长久之意，所以常在此日祭祖与推行敬老崇孝活动。庆祝重阳节的活动有：出游赏景、登高远眺、观赏菊花、遍插茱萸、吃重阳糕、饮菊花酒等
活动目标	1．能准确说出重阳节的时间及别称，知道重阳节是我国四大祭祖节日之一。了解“重阳”的含义，懂得重阳节孝亲敬老的文化内涵 2．喜欢欣赏和阅读与重阳节相关的谚语、诗句，了解其特点，懂得尊敬老人的道理，并能在日常生活中运用 3．知道重阳节的特色美食及其来历，了解其营养价值，愿意创意制作，懂得将美食分享给长辈，表达自己的感恩之情 4．了解赏菊的意义，能按花的不同特征进行分类。尝试进行统计，并能在日常生活中帮助父母、长辈分类整理自己的物品 5．欣赏与重阳节相关的乐曲、歌曲，能用自己喜欢的肢体动作大胆进行表现，体验用动作表现对歌曲的理解，知道做人要懂得宽容、感恩 6．了解重阳节“登高、赏菊、插茱萸”等传统活动的意义，愿意主动陪伴长辈积极参与，知道关爱父母长辈、尊老敬老是善行美德之一

活 动 选 编

古城幼儿园十月主题教育活动名称

爱满重阳　感恩相伴（十月）	重阳敬老　感恩你我（小）	九九登高　尊孝两全（中）	登高赏菊　孝亲敬老（大）
	重阳知敬老	重阳聊习俗	茱萸有本领
	敬老好娃娃	重阳菊花开	花糕讲究多
	九九表孝心	畅享纸鸢情	分菊知花意
	美味重阳糕	九九念亲人	携手登高行
	巧手做菊花	父母请放心	百行孝为先
	听从父母话	孝亲好宝宝	敬老好榜样
	感恩伴我行	敬老我力行	感恩在心间

巧手做菊花（小班）

活动目标：

（1）认识菊花，知道菊花是秋天开放的。
（2）感知菊花的多样性，尝试制作美丽的菊花。
（3）喜欢菊花，知道爱护花草。

设计思路：

认识菊花—感知特征—了解方法—尝试制作—爱护花草。

活动准备：

物品准备：扭扭棒、制作菊花步骤图、微课视频、背景音乐、PPT。

活动过程：

一、观看图片，认识美丽的菊花

师：重阳节到了，花园里有许多漂亮的花都开放了，我们一起去看一看吧！

师：你认识这些花吗？它们是什么花呢？

小结：这些是菊花，是秋天里开放时间最长的一种花。

二、欣赏菊花，发现菊花的不同

教师播放课件，出示各种不同的菊花，幼儿欣赏。

师：你喜欢哪一朵？为什么？

师：这些菊花一样吗？哪里不一样呢？

师：菊花的颜色五彩缤纷，它们的花形也各有不同，有的像毛绒绒的小球，有的像绽放的烟花，非常漂亮。

师：你喜欢的菊花的花瓣是什么样子的？像什么？

小结：菊花的花瓣形态各异：有的细细的，像针一样；有的卷卷的，像妈妈的卷发；有的圆乎乎的，像扇子；还有的像一根根吸管，十分可爱。

三、模仿学习，掌握做花的方法

1．观看微课视频

师：菊花可真漂亮啊，你知道怎样做出一朵漂亮的菊花吗？让我们一起来看一看吧！

2．了解制作步骤

师：这就是菊花的制作过程，一共分几步？（出示流程图。）

师：谁能试着说一说？

师：菊花的制作步骤分为三步。

第一步：选择喜欢的菊花的步骤图和适合的材料。

第二步：学习制作方法。首先将选好的扭扭棒用一只手抓紧，然后拿出另一根扭扭棒用先折后拧的方法，将所有的扭扭棒紧紧固定住。然后制作花瓣。花瓣的制作方法有很多，可以运用拧的方法，谁来试一试？折应该怎样做呢？请你来展示一下。你也可以用卷的方法，你想怎么卷？绕的方法应该怎么做呢？来试试看吧！

第三步：将花、茎组合到一起，选取一根最底下的扭扭棒用绕的方法将花固定在花茎上。美丽的菊花就做好啦。（边播放课件边描述。）

四、自取材料，创作美丽的菊花

1．小组讨论，说出自己想法

师：宝贝们，你们想试一试吗？请你先选取一张你喜欢的菊花的步骤图。

师：现在和你身边的小伙伴说一说，你想做的菊花要用什么方法呢？怎么做呢？（请不同幼儿说一说。）

2．提出要求，了解注意事项

师：在操作时请大家注意：小伙伴间要互相谦让，不用的物品放回原处，保持桌面整洁。

师：操作开始吧。

3．创意制作，教师巡回指导

五、参观菊展，知道要爱护花草

师：宝贝们，菊花展马上就要开始了，咱们快来欣赏吧。

师：我们可以把我们做的菊花送给爷爷奶奶，周末时也可以和他们一起去花园里赏菊。

师：在花园赏菊时我们应注意什么呢？

小结：大家都很喜欢菊花，所以我们要做个爱护花草的好孩子，不随便摘花，不在草地上乱跑，和花草做朋友。

活动延伸：

在美工区投放扭扭棒、菊花图片、彩纸、步骤图等供幼儿玩制作菊花的游戏。

孝亲好宝宝（中班）

活动目标：

（1）理解敬老的意义，知晓榜样的作用。

（2）学习敬老的多种方式，体会长辈的用意，懂得尊重和关爱长辈。

（3）诵读理解“亲爱我，孝何难。亲恶我，孝方贤”。

设计思路：

理解敬老意义—交流敬老做法—学习敬老事迹—知晓榜样作用—讨论多种方式—诵读经典语句—懂得感恩长辈

活动准备：

物品准备：PPT、《最美孝心少年》视频、音乐。

活动过程：

一、相互交谈，理解敬老的意义

师：孩子们，在我们国家有很多传统的节日，你们知道有哪些吗？

师：大家知道得可真多！我们国家历史悠久，有很多传统节日，每一个节日都蕴含着很多民俗文化和传统美德，其中尊敬老人和关爱长辈就是中华民族的传统美德之一。

师：那你们知道为什么要尊敬老人或者长辈吗？

小结：我们经常说的敬老爱老就是指尊敬老人、关爱老人，这是我们的祖先传承下来的美德。爷爷奶奶还有长辈们为了家庭、社会付出了很多的辛苦，所以我们要尊敬和关爱他们。

二、师幼互动，交流敬老的做法

师：谁来说一说，你平时都是怎样尊敬、关爱老人和长辈的呢？

小结：我发现大家都是懂得尊敬老人的乖孩子，有的宝贝在父母生病的时候倒水送药，照顾他们，有的宝贝在父母劳累的时候为他们洗脚捶背消除疲劳，还有的宝贝会亲手制作礼物送给长辈让他们开心，大家用行动和言语表达了对长辈们的尊敬。

三、观看视频，了解敬老的事迹

师：在我们身边还有一些小伙伴，他们和我们的年龄差不多，我们一起来看看他们是怎样尊敬和照顾长辈的。

师：视频看完了，谁来说说他们的家里发生了什么事情？

师：他们是怎样照顾妈妈的？哪件事让你记忆最深刻？

师：这对姐弟一个叫陈宗阳，一个叫陈坤阳，他们不仅用细心和耐心照顾患病的妈妈，还帮助妈妈承担了很多家务，有空还要教失去记忆的妈妈说话识字，可是最终妈妈还是离开了他们。看了他们的这些经历之后，你的心情是什么样子的？为什么？

师：就像刚才大家说的那样，他们对妈妈的细心照顾让我们很感动，他们小小的年纪却为家里做了很多的事情，让我们感到很心疼，所以他们姐弟两人被评为了2018年“最美孝心少年”。

四、相互交流，知晓榜样的作用

师：除了陈坤阳和陈宗阳这对姐弟以外，还有一些小伙伴，我们一起来看一看他们都做了些什么！

师：李新颖，大家都叫她核桃妹妹，她年仅13岁，就跟患病养父一起扛起家庭的重担；他叫吴昊洋，妈妈因为出了车祸进行了截肢，爷爷奶奶又是聋哑人，所以他12岁就成为家里的“顶梁柱”，甘愿做妈妈的腿、爷爷奶奶的嘴；他叫霍培鑫，是一个残疾的孩子，他身患重病却乐观阳光，学习之余还拄着双拐帮妈妈卖蛋糕。他们都是2018年度“最美孝心少年”。

师：听完了这些小伙伴的事迹之后，你觉得他们的哪些做法是值得我们学习的？

师：这些小伙伴们有的年龄和大家差不多，却和我们有着不同的生活，因为父母身体的原因、家庭条件不好或者是自身的不足，不仅要学习，还要照顾家人，要承担家庭中的很多事情，他们就是我们学习的好榜样。

五、小组讨论，敬老的多种方式

师：你还想到了哪些关于尊敬长辈的好做法？快来和身边的小伙伴说一说吧！

小结：榜样的力量可真大。通过交流，大家想到了很多尊敬长辈的方法，除了去关心、体贴他们以外，我们更要理解他们的用心，不让他们担心，其实这也是敬老的一种方式。

六、理解诵读，清楚语句的含义

师：孩子们，《弟子规》中就有一句话“亲爱我，孝何难。亲恶我，孝方贤”，意思是说当父母喜爱我们的时候，孝顺是很容易的事情，当父母不喜欢我们或者管教过于严厉的时候，我们也应该一样孝顺，还要学会自己反省，体会父母的良苦用心，努力改过自己的缺点，尽量把事情做好，这种孝顺的行为是最难能可贵的。

师：让我们一起来读一读吧！

师：除了这句话，你还想到了《弟子规》中哪些尊敬长辈的语句呢？

（1）身有伤，贻亲忧。德有伤，贻亲羞。

（2）父母呼，应勿缓。父母命，行勿懒。

（3）父母教，须敬听。父母责，须顺承。

（4）出必告，反必面。居有常，业无变。

小结：大家知道得还真多，其实就像刚才《弟子规》中提到的“亲爱我，孝何难。亲恶我，孝方贤”，在平日的生活中，我们要注意自己的言行，保护好自己的身体，不让父母担心，用行动、语言，从心里真正尊敬、理解和关爱长辈。

七、日常践行，记录敬老的行为

师：今天我们学习了很多敬老爱老的知识，也了解到在我们身边有很多敬老的榜样，希望大家回家以后，每天能将自己敬老的行为记录到这张日常记录表上，下个月我们也来比一比，看看谁是咱们班的“最美孝亲好宝宝”。

分菊知花意（大班）

活动目标：

（1）欣赏菊花之美，观察发现其异同。

（2）认识几种典型菊花，尝试进行分类并说出理由。

（3）了解菊花用途，知晓菊花花意。

设计思路：

感知菊花的美—发现菊花异同—认知菊花名称—商定菊花分类—知晓菊花用途—了解菊花花意—赠送适宜菊花。

活动准备：

物品准备：菊花图片、课件、操作板、仿真菊花等。

活动过程：

一、观赏菊花，感知菊花的美丽

师：重阳节是赏花的好时节，今天我们就去菊花村看菊花展吧！（播放音乐。）

二、自由观察，发现菊花异同

师：你都看到了什么样子的菊花？它们有什么不同？（引导幼儿说菊花的颜色、形状。）

师：菊花的颜色不同，花瓣也各不相同，它们都是什么形状的？

小结：菊花的颜色五彩缤纷，花瓣形态各不相同，种类可真多呀！

三、观看课件，认知菊花名称

师：花瓣像针一样的菊花叫针瓣菊，花瓣卷卷的菊花叫爪瓣菊，花瓣宽宽的菊花叫宽瓣菊，花瓣像小勺子一样的菊花叫匙瓣菊。

四、小组讨论，商定菊花分类

师：你想想用什么办法能将这些菊花摆得既美观又让人看得清楚呢？请和组内的小伙伴说一说。

师：你是怎么摆的呢？（请小组代表发言。）

小结：刚刚通过大家的努力，我们把这些菊花按照颜色和种类进行了摆放，让参观的人们能清晰地观赏这些菊花。

五、交流分享，知晓菊花用途

师：菊花很美丽，让人赏心悦目，它不仅可以观赏，还可以干什么呢？

小结：菊花的用途可真多，可以用它做菊花羹、菊花糕、菊花酒、菊花茶等。

六、感官认知，了解菊花花意

师：孩子们，这些不同种类的菊花代表的意义一样吗？

师：那到底代表什么意义呢？我们来听听“菊花小天使”是怎么说的？（播放课件。）

师：通过小天使的讲解你知道了什么？不同的菊花用在什么地方呢？

小结：原来不同颜色菊花所代表的意义各不相同，白色黄色代表悼念，红色代表爱意。在生活中我们要将它们用在合适的场合哟！

七、情境游戏，赠送适宜菊花

师：村主任看到大家布置的菊花展特别满意，所以特意给大家带来一些菊花，请你挑选一枝喜欢的送给你想送的人吧！

师：时间不早了，我们也要和村主任说再见了。（活动自然结束。）

延伸活动

妙笔斋（小班）

游戏目标：

掌握涂色的方法。

游戏材料：

菊花简笔画、白纸、水彩笔。

游戏玩法：

运用平涂、斜涂的方法尝试给菊花进行涂色。

小小理发师（小班）

游戏目标：

利用粘贴方法用合适的材料为爷爷奶奶粘头发，感受粘贴画的有趣。

游戏材料：

爷爷奶奶简笔画、棉花、胶棒。

游戏玩法：

用粘贴、绘画等多种方式给爷爷奶奶粘头发。

美丽的菊花（中班）

活动目标：

欣赏菊花图片，在墙上创作各种各样的菊花，感受菊花的美。

活动材料：

涂鸦墙、水彩笔、抹布。

活动玩法：

（1）欣赏各种菊花图片，了解菊花外形特征。

（2）选择喜欢的颜色创意绘画菊花。

重阳节的传说（中班）

活动目标：

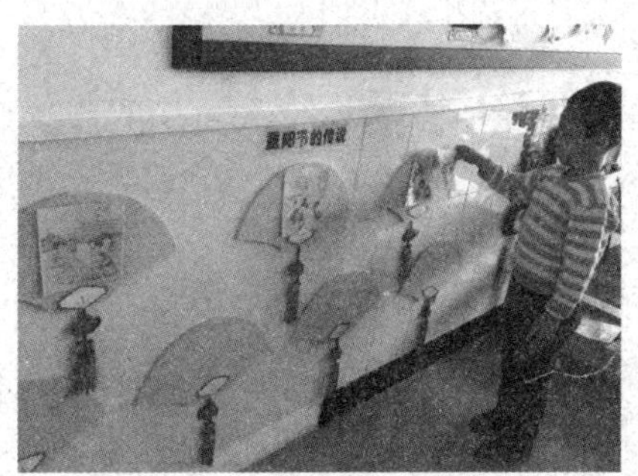

理解故事内容，尝试将故事卡片按照故事发展顺序进行排序。

活动材料：

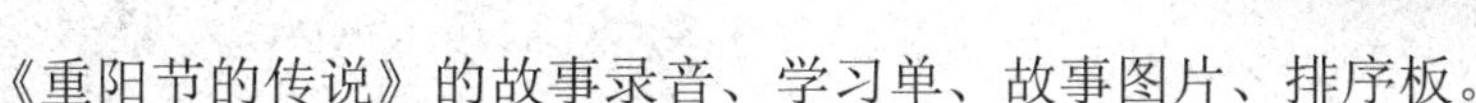

《重阳节的传说》的故事录音、学习单、故事图片、排序板。

活动玩法：

听故事录音，按故事发展顺序进行排序，将故事卡片拼完整。用简短的话语为同伴讲述故事大意。

美味重阳糕（大班）

活动目标：

了解重阳糕的制作过程，尝试制作创意重阳糕。

活动材料：

重阳糕图片、纸黏土、步骤图。

活动玩法：

欣赏重阳糕图片，尝试运用多种材料创意制作重阳糕。

筷子游戏（大班）

活动目标：

尝试使用尖头、圆头的筷子夹取重阳美食，提高手指的灵活性。

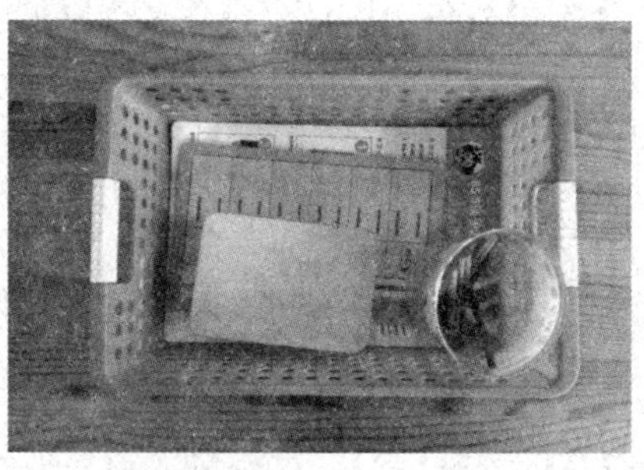

活动材料：

重阳糕、马口铁盒、尖头和圆头筷子、记录单。

活动玩法：

观看指导图，选择筷子夹取重阳美食，并统计出具体数量。

周回忆

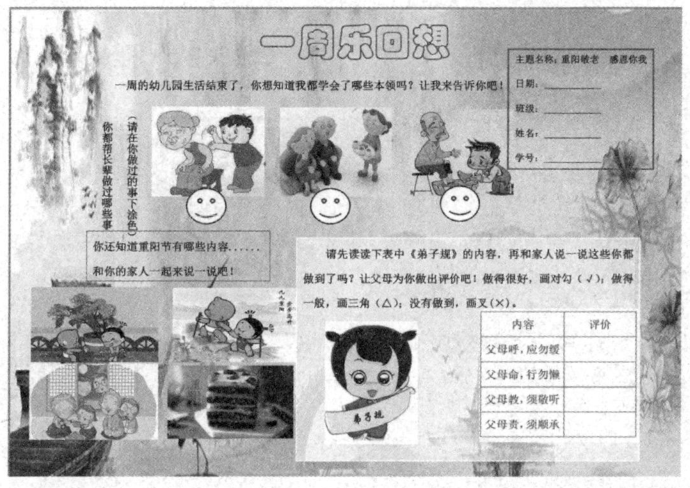
一周乐回想
主题名称：重阳敬老 感恩你我
日期：
班级：
姓名：
学号：
一周的幼儿园生活结束了，你想知道我都学会了哪些本领吗？让我来告诉你吧！
你都帮长辈做过哪些事
（请在你做过的事下涂色）
你还知道重阳节有哪些内容……
和你的家人一起来说一说吧！
请先读读下表中《弟子规》的内容，再和家人说一说这些你都做到了吗？让父母为你做出评价吧！做得很好，画对勾（√）；做得一般，画三角（△）；没有做到，画叉（×）。
内容 | 评价
父母呼，应勿缓
父母命，行勿懒
父母教，须敬听
父母责，须顺承

本周回想
——主题《九九登高 尊孝两全》
这一周大家了解了重阳节的传说，重阳节的习俗可多了，你都知道有哪些习俗呢？快来看图说一说吧。
登高
赏菊
品重阳糕
放风筝
我们还认识了重阳节的特色美食重阳糕，下面请你帮我数一数一共有多少块重阳糕呢？把答案告诉你的爸爸妈妈。
在这一主题中，我们还知道了要尊敬老人，现在就请你画一画自己的爷爷奶奶，姥姥姥爷吧！

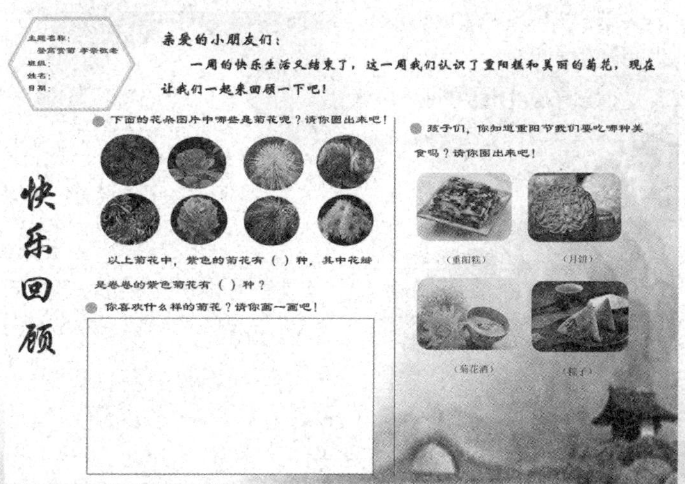
主题名称：
登高赏菊 孝亲敬老
班级：
姓名：
日期：
亲爱的小朋友们：
一周的快乐生活又结束了，这一周我们认识了重阳糕和美丽的菊花，现在让我们一起来回顾一下吧！
快乐回顾
下面的花朵图片中哪些是菊花呢？请你圈出来吧！
以上菊花中，紫色的菊花有（ ）种，其中花瓣是卷卷的紫色菊花有（ ）种？
你喜欢什么样的菊花？请你画一画吧！
孩子们，你知道重阳节我们要吃哪种美食吗？请你圈出来吧！
（重阳糕）
（月饼）
（菊花酒）
（粽子）

家园共育

九九浓情系心间

——致家长的一封信

亲爱的家长们：

重阳节是每年农历的九月九日，是汉族的传统节日，又称“老人节”“登高节”。由于“九九”的谐音是“久久”，有长久之意，所以常在九月初九这一日祭祖与推行敬老崇孝活动。庆祝重阳节的活动有：出游赏景、登高远眺、观赏菊花、遍插茱萸、吃重阳糕、饮菊花酒等。

在接下来的时间里我们将和宝贝们共同携手走进“登高赏菊 孝亲敬老”主题活动，在活动中我们以传说、神话故事“桓景斗瘟魔”“白衣送酒”为主线索，了解重阳节的来历；通过观察菊花，发现菊花的秘密；在共品重阳糕时，感知长辈恩情，懂得敬老孝亲、宽容待人。通过登高、赏菊，激发孩子们主动陪伴长辈的意愿，知道关爱父母长辈、尊老敬老是善行美德之一。在《弟子规》“亲爱我，孝何难。亲恶我，孝方贤”和“恩欲报，怨欲忘。抱怨短，报恩长”两句中也体现了尊敬老人的道理。

为了让宝贝们了解更多的重阳知识，请您协助我们完成以下工作：

1. 与宝贝一起聆听有关重阳节的传说故事，并选择其中一个故事进行绘画。
2. 观察菊花的不同，进行简单的记录。
3. 带一张有关关爱老人的照片。
4. 收集不同种类的重阳糕图片。

孩子的成长离不开您的帮助，我们期待您一如既往地支持，让孩子度过一个有意义的重阳敬老节。

大班老师敬上

“爱满重阳　感恩相伴”主题教育活动家园共育计划

主题名称	登高赏菊　孝亲敬老（大班）	
项目	内容	实施途径
利用家长资源	1. 请家长与幼儿在家中共同查阅、搜集有关重阳节的节日特点和民俗活动，在开展主题教学活动时，将所搜集的图片、故事、儿歌等与小伙伴们交流分享	翻阅书籍、网络搜索
	2. 收集有关重阳节的图片、照片等，引导幼儿了解重阳节登高、赏菊、插茱萸等传统活动的意义，懂得重阳节孝亲敬老的文化内涵	经验分享、网络搜索
	3. 在日常生活中，家长和幼儿们多关注重阳节的特色美食及其来历，知道食物的做法、食材、营养成分，丰富孩子的知识经验	翻阅书籍、网络搜索、实践操作
	4. 在日常生活中，家长要告诉幼儿要养成勤洗澡、勤换衣、勤剪指甲、勤锻炼等良好习惯，并且要多向他人学习，提高幼儿各方面的能力	经验分享
开展亲子活动	1. 快乐阅读。家长和幼儿共同欣赏有关重阳节的书籍和资料。 2. 百善孝为先（摄影展）。亲子关爱老人留念，增进亲子感情，在孩子成长的过程中留下温馨美好的回忆。	实践活动、美工活动、网络搜索、阅读书籍

诚实守信 快乐相伴

——十一月主题教育活动

活 动 目 标

“心有诚信　快乐与共”主题教育活动目标

班级：小班组

主题释译	【物虽小，勿私藏。苟私藏，亲心伤。】出自《弟子规》中的“入则孝”篇：东西虽然很小，也不要背着父母偷偷地私藏起来。一旦被发现，父母心里一定十分伤心生气 【凡出言，信为先。诈与妄，奚可焉。】出自《弟子规》中的“信”篇：开口说话，诚信为先，对自己讲出来的话绝对要放在心上去实践、去履行。答应别人的事情一定要遵守承诺，没有能力做到的事不能随便答应，至于欺骗或花言巧语的行为更不能做
活动目标	1. 懂得诚信的意义，知道诚实是一种良好的品质，在与人交往时做个诚实守信的好孩子 2. 喜欢阅读《弟子规》中与“信”有关的内容，理解其内容。知道不是自己的东西，不能随便拿走的道理。知道拾金不昧是一种好品质 3. 喜欢听有关诚信的故事，跟读诚信童谣，感受童谣的韵律美，尝试在日常生活中做到诚信友善 4. 乐于参加传统体育活动，知道适当的体育锻炼有利于身体健康 5. 学唱与主题相关的歌曲，感受歌曲的情绪变化，尝试用动作进行表演。知道对待朋友要以诚相待，说话算数 6. 乐于参与讲故事比赛，大胆讲述关于诚信的故事，感受诚实守信的重要性

“诚信待人　言行一致”主题教育活动目标

班级：中班组

主题释译	【己有能，勿自私。人所能，勿轻訾。】出自《弟子规》中的“信”篇：自己有才能，不要只想着为自己谋私利；别人有才能，不要心生嫉妒，也不要随便轻视、毁谤人家 【事虽小，勿擅为。苟擅为，子道亏。】出自《弟子规》中的“信”篇：纵然是小事，也不要任性擅自做主，而不向父母禀告。如果任性而为，便容易出错，这就有损为人子女的本分。因此而让父母担心，便是不孝的行为 【将加人，先问己。己不欲，即速已。】出自《弟子规》中的“信”篇：当我们对别人说什么或做什么之前，先要问问自己，换作是自己，喜欢不喜欢，如果连自己都不喜欢，就要立刻停止 【诚信】“诚”即诚实诚恳，主要指主体真诚的内在道德品质；“信”即信用信任，主要指主体内诚的外化。“诚”更多地指“内诚于心”，“信”则侧重于“外信于人”。“诚”与“信”一组合，就形成了一个内外兼备，具有丰富内涵的词汇，是指诚实无欺，讲求信用。千百年来，诚信被中华民族视为行为规范和道德修养标准。我们的国家在基本字义的基础上形成了独具特色并具有丰富内涵的诚信观

（续表）

活动目标	1. 了解《弟子规》中“信”的相关内容，懂得诚实守信是中华民族的传统美德 2. 愿意聆听并理解有关诚信的故事，知道做人要诚实守信 3. 知道自己与别人有不同的想法时，懂得尊重别人的意见，不勉强他人做事 4. 懂得不擅做主张，事情再小也要告知父母，要听取父母的意见 5. 正确看待他人的长处及不足，在他人遇到困难时，能主动伸出援手 6. 欣赏有关诚信的歌曲及艺术表演、泥工制作等艺术活动，尝试用不同形式创造与表现，感受作品的有趣与美妙

“信守承诺　诚实做人”主题教育活动目标

班级：大班组

主题释译	【勿谄富，勿骄贫。勿厌故，勿喜新。】出自《弟子规》中的“泛众爱”篇：不要谄媚巴结富有的人，也不要对穷人傲慢不理；不要厌弃过去的朋友，也不要只喜欢新结交的朋友 【人有短，切莫揭。人有私，切莫说。】出自《弟子规》中的“泛众爱”篇：别人有短处，千万不要到处宣扬；别人有隐私，绝对不能说出去 【势服人，心不然。理服人，方无言。】出自《弟子规》中的“泛众爱”篇：用权势去压服别人，别人就会口服心不服；用道理去说服别人，别人才会无话可说 【果仁者，人多畏。言不讳，色不媚。】一个品格高尚的人大家自然敬畏他，因为他说话公正无私，不隐瞒，又不刻意去讨好他人
活动目标	1. 能准确说出《弟子规》中“信”的内容，了解其含义，并在与同伴交往中知道不喜新厌旧，珍惜周围的人和物，明白做人要正直，平等对待每一个人 2. 喜欢听关于“诚实守信”的故事，知道要做个诚实守信的孩子，懂得犯错后要勇于承认错误 3. 乐于参与集体活动，在与人相处中能做到不揭他人短处，保守他人秘密 4. 知道什么是品德高尚的行为表现，懂得要以理服人，努力使自己成为品行高尚的人 5. 欣赏关于爱惜物品的歌曲，能用自己喜欢的肢体动作大胆表现，尝试用动作表现对歌曲的理解，知道做个懂得节约的好孩子 6. 尝试创作出关于诚实守信的美术作品，体验创作的乐趣，知道要学做一个正直的人

活动选编

古城幼儿园十一月主题教育活动名称

<table>
<tr><td rowspan="7">诚实守信 快乐相伴（十一月）</td><td>心有诚信　快乐与共（小）</td><td>诚信待人　言行一致（中）</td><td>信守承诺　诚实做人（大）</td></tr>
<tr><td>从小讲诚信</td><td>真诚待他人</td><td>我能扬人善</td></tr>
<tr><td>诚实好孩子</td><td>交往知换位</td><td>交友要真诚</td></tr>
<tr><td>喜物需明求</td><td>言行要一致</td><td>做人要正直</td></tr>
<tr><td>诚实守信用</td><td>遇事会商量</td><td>懂理以服人</td></tr>
<tr><td>坦诚乐交友</td><td>拾物要归还</td><td>乐学好品行</td></tr>
<tr><td>乐享诚信花</td><td>知错能改正</td><td>诚实伴我行</td></tr>
</table>

诚实好孩子（小班）

活动目标：

（1）尝试讲述动画片中有趣的故事情节。
（2）懂得知错就改仍然是个诚实的好孩子。
（3）知道诚实是一种良好的品质，愿意做诚实的孩子。

设计思路：

欣赏故事，了解诚实含义—故事表演，懂得知错要改—结合生活，判断行为对错。

活动准备：

物品准备：故事《狼来了》、课件、行为图片。

活动过程：

一、欣赏故事，了解诚实含义

师：孩子们，你们看，这是谁？（展示大灰狼图片。）哎？它今天怎么来了呢？到底发生什么事情了？我们一起来听一个《狼来了》的故事吧！

师：故事讲完了，放羊的小孩说谎后发生了什么事情？

师：你们喜欢故事里的小孩吗？为什么？

小结：大家在听故事的时候听得又认真又仔细，故事中的小孩由于说谎，发生了很严重的事情，结果他的羊全部被狼咬死了，自己也差点被狼吃掉。所以我们大家都不能说谎，都要做一个诚实的好孩子。

二、故事表演，懂得知错要改

师：接下来，咱们再看一看，这个小朋友又做了什么事情？让我们看看下面发生了什么。

表演内容：

小红在家打扫卫生，不小心把桌上的茶杯打碎了。爸爸听到响声跑过来问是怎么回事，小红怕爸爸责怪连忙说："不是我弄的，是小猫跳到桌上把茶杯打碎的。"爸爸知道是小红打碎了茶杯，可是没有责备她，而是给小红讲了很多有关诚实的故事。晚上，小红躺在床上怎么也睡不着，跑到爸爸的房间承认了错误，爸爸高兴地说："你知错能改，还是一个诚实的孩子。”小红开心地笑了。

师：小红又做了哪些事情？小红在打扫卫生的时候发生了什么？她是怎么做的？

师：当小红说“不是我弄的”时候，她的心里会有什么样的感觉？

师：小红向爸爸承认错误后心情怎么样？

小结：我们每个人都会做错事情，有时也会因为害怕而不敢承认错误。其实知道错了能马上改正，别人同样会原谅你，也会认为你是个诚实的孩子。不过大家可不要故意犯错误哦！

三、结合生活，判断行为对错

师：我们一起来玩一个游戏，名字叫“是对还是错”。这里有一些小故事，请你判断故事中的小朋友的行为是对还是错，然后站到相应的方框内（笑脸是对的，哭脸是错的），说出你的理由。想想如何帮助他们做一个诚实的孩子。

（1）军军很喜欢松松的玩具汽车，刚好松松不小心把玩具汽车丢在草地上了，军军就悄悄地将玩具汽车带回家。你们觉得军军做得对吗？应该怎么做？

（2）亮亮和明明踢足球，不小心把邻居家的窗户打破了。他们应该怎样做呢？

（3）平平不小心撕坏了班里的图书，见没人看见，就把书悄悄放回图书架。他这样做对吗？应该怎样做呢？

小结：你们真棒，帮他们解决了问题，也让他们知道要做一个诚实的好孩子。

四、师幼共舞，体会诚实快乐

师：让我们一起来唱儿歌《诚实好孩子》。我们要像歌曲中的小朋友一样，做一个诚实的好宝宝！

真诚待他人（中班）

活动目标：

（1）懂得真诚待人，感受“爱”的情感。

（2）理解诵读“凡是人，皆须爱。天同覆，地同载”，知道人与人相处时要真诚友爱。

（3）尝试用多种艺术形式表达对身边人、对祖国真挚的情感。

设计思路：

经验交流—诵读经典—观看视频—生活践行。

活动准备：

物品准备：反映“凡是人，皆须爱。天同覆，地同载”的图画、传递真诚与爱的视频、天安门广场升旗视频、五星红旗图片、红色彩纸、大小不同的黄色五角星图片、筷子、胶棒、歌曲《祖国祖国我们爱你》。

活动过程：

一、经验交流，说说身边的情感

师：宝贝们，我们每天都会跟很多人在一起生活、学习、交往，你和大家在一起的时候有什么感受？（幼儿自主发言。）

师：当大家在一起时就不会觉得孤单，当身边的人对我们关心爱护的时候我们会很开心很幸福，这是因为身边的人给予了我们真挚的情感，而这种情感是相互的，我们也要给予身边人真诚与关爱。

二、诵读经典，理解语句的含义

师：在《弟子规》中有一句关于情感的话：“凡是人，皆须爱。天同覆，地同载。”（出示语句词条。）

师：请你们跟我一起读一读。

师：这句话告诉我们，人与人之间要相亲相爱，因为我们生活在同一片蓝天下，同一块土地上。所以人们应该不分你我、相互帮助。（出示相应图画内容。）

全体诵读，分组诵读，个幼诵读。

三、观看视频，懂得情感要传递

师：接下来，我们看一看视频中都发生了什么事？然后说一说你看到了什么？

师：谁来说一说，在视频中你看到了什么？你的心情怎么样？

小结：在我们的身边到处都有爱，我们得到别人关爱的同时也要关爱他人，把这种爱传递下去，帮助更多的人。

四、生活践行，乐做真诚之人

师：今天大家感受了真诚的爱，希望在今后的生活中，我们也要做真诚有爱的人，对我们的祖国、家乡，还有身边的家人、朋友，表达出我们最诚挚的爱。

诚实伴我行（大班）

活动目标：

（1）交流分享，知道“信守承诺”是中国的传统美德。
（2）理解诵读“凡出言，信为先。诈与妄，奚可焉”，养成信守承诺的好品质。
（3）尝试用绘画的形式设计诚信小标识，并在生活中践行。
（4）小组合作，共同商讨主题学习板布局。

设计思路：

游戏激趣—交流分享—传承美德—诵读《弟子规》—自我比较—制作标识。

活动准备：

经验准备：有玩“拉钩游戏”的经验、在家和父母一起了解并绘画诚信故事。

物品准备：课件、诚信行为图片、教师事先设计好的诚信小标识、白纸、绘画材料、空白主题板等。

活动过程：

一、拉钩游戏，引出诚信主题

师：孩子们，请你们每人找到一个好朋友，将你们的小拇指勾在一起，我们来玩拉钩游戏。在拉钩时我们会说“拉钩上吊，一百年不许变”。谁玩过这个游戏？

师：你知道为什么要说这句话吗？

小结：大家的想法可真多，其实这句话想表达的意思就是，当我们答应别人一件事情或说出一句话后，一定要说到做到，做人要有诚信。

二、交流分享，说说诚信故事

1. 小组交流

师：我们在家里和爸爸妈妈一起搜集了很多关于诚信的故事，还画了下来，请你和身边的小伙伴分享一下你的故事吧！

2. 个别幼儿表达

师：谁能到前面来和大家分享一下？（个别幼儿表达。）谁还愿意来说一说？

小结：刚才有几位小朋友分享了自己的故事，其中《宋濂借书》的故事告诉我们借了别人的物品要按时归还，《曾子杀猪》的故事告诉我们要说到做到。故事虽不同，但是在每个故事中的人物都能信守承诺，说到做到。

三、经典诵读，传承诚信美德

师：信守承诺是我国的传统美德。《弟子规》中有“凡出言，信为先。诈与妄，奚可焉”这样一句话，我们来一起读一读。

师：你们知道这句话是什么意思吗？谁来说一说？

小结：这句话的意思就是“开口说话要以诚信为先，答应别人的事情一定要做到，没有能力做到的事不能随便答应，至于欺骗或花言巧语的行为更不能做”。

师：请小女生和小男生分别来读一读吧。（分组诵读。）

四、行为统计，自查诚信行为

师：我们一起来看一看这些行为图片，你发现了什么？

师：你遇到过这样的事情吗？你是怎么做的？请做到的宝贝举手，我来统计一下。

师：再来看下一个。你看到了什么？

师：谁遇到过这样的事情，做到的请举手。谁愿意来数一数并且进行记录。

师：我们再来看下一个。这一项又有谁做到了？（依次看完4幅图。）

小结：从我们的诚信行为统计表可以看出，很多宝贝都能做到信守承诺，但是，也有些宝贝还没有做到，希望你们能继续努力，争做一个诚实守信的好宝宝。

五、制作标识，乐于生活践行

师：如何让大家都能成为一个诚实守信的人？你有什么好办法？

师：设计标识，确实是一个好方法，它可以时刻提醒我们。

师：你想设计那些标识来提醒自己？请你和小伙伴一起说一说吧！

师：谁来说一说你的想法？

师：大家想到了很多事情，比如：老师和宝贝们说过要每天去借书，可是有的小宝贝经常会忘记，所以可以设计一个画着一本书的标识，来提醒自己。

师：除了大家刚才说到的，你还搜集了哪些小标识？我们一起来看看吧！

师：接下来，咱们就一起制作一个能提醒自己的诚信小标识吧！

师：谁来和大家说一说，你制作的是什么标识？

小结：在以后生活中，我们可以用这些小标识来提醒自己、要求自己，努力成为一个诚实守信的好孩子。

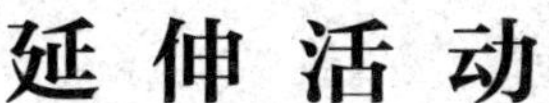

延伸活动

书香阁（小班）

游戏目标：

看《诚信花》的故事绘本，理解故事内容并完成学习单。

游戏材料：

图书、操作单、笔、学习单。

游戏玩法：

安静阅读绘本故事，并根据故事内容完成学习单。

跳格子游戏（小班）

游戏目标：

玩“跳格子”游戏，尝试与同伴交流出图片上的内容，乐于做一个诚实守信的好宝宝。

游戏材料：

骰子、行为图片、格子板。

游戏玩法：

两人合作游戏，掷骰子，按指示从起点到终点，结合图片内容学习正确的行为，最先到达者获胜。

排一排　讲一讲（中班）

活动目标：

玩“排一排　讲一讲”游戏，阅读绘本《宋濂还书》，理解故事大意，尝试按故事内容将卡片进行排序。

活动材料：

图书《宋濂还书》、图片、数字卡片、学习单。

活动玩法：

听故事《宋濂还书》，根据故事内容为图片进行排序。

抽卡游戏（中班）

活动目标：

玩“抽卡游戏”，辨别图中人物行为的对错，理解《弟子规》内容所讲的道理。

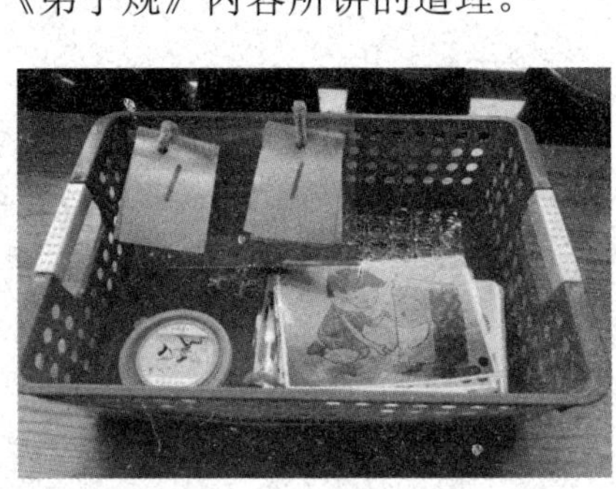

活动材料：

行为图、奖章、记分牌、骰子。

活动玩法：

两人掷骰子，根据骰子点数抽取图片。说出图片行为的对错，进行分数记录。获胜者得到一枚奖章。

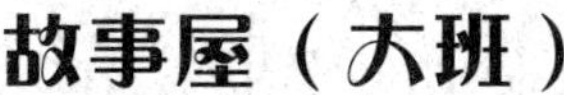

故事屋（大班）

活动目标：

理解故事内容，按照故事发展顺序将故事图片进行排序并尝试讲述故事内容。知道做个讲诚信的好孩子。

活动材料：

故事录音、故事图片。

活动玩法：

欣赏故事《诚信花》，将故事图片进行排序，尝试用完整的语言讲述故事。

我说你猜（大班）

活动目标：

两位幼儿合作游戏，感受与伙伴合作游戏的乐趣。

活动材料：

游戏卡、《弟子规》图卡、塑料发箍。

活动玩法：

两位幼儿分配角色，一名幼儿根据卡片内容进行表演，另一名幼儿猜出表演内容。

周 回 忆

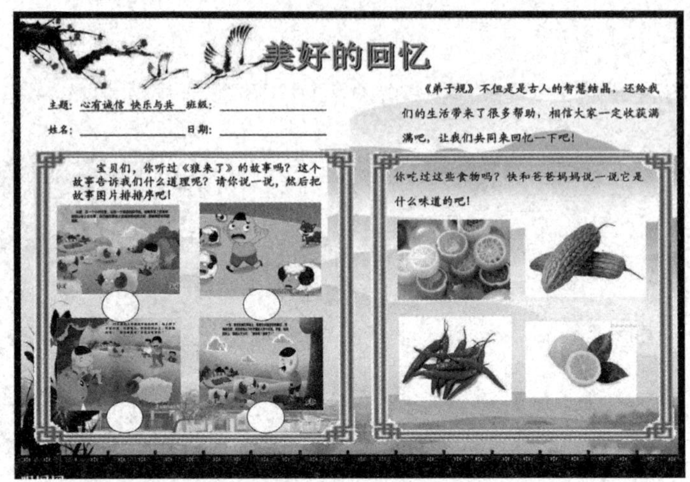
美好的回忆
主题：心有诚信 快乐与共 班级：
姓名： 日期：
《弟子规》不但是是古人的智慧结晶，还给我们的生活带来了很多帮助，相信大家一定收获满满吧，让我们共同来回忆一下吧！
宝贝们，你听过《狼来了》的故事吗？这个故事告诉我们什么道理呢？请你说一说，然后把故事图片排排序吧！
你吃过这些食物吗？快和爸爸妈妈说一说它是什么味道的吧！

一周回想
——主题《诚信待人 言行一致》
班级：
姓名：
学号：
日期：
在这一周里，我知道了欣赏别人以及做事要从小事做起，让我念给你听吧！
己有能，勿自私，
人有能，勿轻訾。
事虽小，勿擅为，
苟擅为，子道亏。
下面图片中的行为对吗？请你说一说吧！

主题名称：
信守承诺 诚实做人
班级：
姓名：
日期：
亲爱的小朋友们：
愉快的一周生活又结束了，这一周我们共同学习了与人相处的道理，你还记得吗？快来回顾一下吧！
温
故
知
新
仔细观察下面的图片，请在正确的行为图下的○画“√”，在错误的行为图片下画“×”
（嘲笑他人缺点）
（朋友间相互帮助）
（给同伴鼓励）
（背后议论他人）
在日常生活中我们应该如何与朋友相处呢？请你圈出来
（孤立同伴）
（珍惜友谊）
（相互友爱）
（给小朋友起外号）
（与小朋友打架）
（相互尊重）
这一周，你和小伙伴做了哪些游戏？快点把你和好朋友玩耍的情景画下来吧！

家园共育

诚实守信方安心

——致家长的一封信

亲爱的家长朋友们：

您好！诚实守信是为人之本，更是一种高尚的品质。《弟子规》中“信”的内容就是教导我们如何严格要求自己的言行。我们将在本月开展“信守承诺　诚实做人”主题教育活动，让孩子们从日常生活的言行做起，学会信守承诺，诚实做人，传承中华美德，做一个对自己对社会有用的人。

家长朋友们可以同孩子们一起收集相关品德高尚的人物的资料，培养孩子良好的道德品质。孩子们的经验与文化积累，离不开家长们的鼎力支持。希望我们一起携手共同努力，期待您的支持与参与。

在接下来的时间里我们将和宝贝们共同携手走进“信守承诺　诚实做人”主题活动，在活动中我们以经典故事为主线索，通过情境再现等形式了解主题内容的精髓。通过学习，让孩子们感受身边的榜样无处不在，明白宽容待人、诚实守信与人相处也是善行美德之一。在《弟子规》中“势服人，心不然。理服人，方无言”这句也体现了守信、诚实的含义。

为了让宝贝们了解更多的主题知识，请您协助我们完成以下工作：

（1）与宝贝一起聆听有关主题的经典故事，并选择其中一个故事进行绘画。

（2）收集信守承诺的视频资料和故事。

孩子的成长离不开您的帮助，我们期待您一如既往地支持，让孩子在本主题中学有所获。

大班教师敬上

“诚实守们　快乐相伴”主题教育活动家园共育计划

主题名称	心有诚信　快乐与共（小班）	
项目	内容	实施途径
利用家长资源	1. 请家长与孩子在家中共同查阅、搜集有关诚实守信方面的故事，在开展主题教学活动时，将所搜集的图片、故事、童谣等与小伙伴们交流分享	翻阅书籍、网络搜索
	2. 在日常生活中，家长和孩子多关注诚信方面的动画、视频，了解其代表的含义，方便开展主题教学活动	翻阅书籍、网络搜索、实践操作
	3. 请家长与幼儿多欣赏关于诚实守信相关的故事、图书，并尝试与小伙伴共同进行表达	网络搜索、实践操作
	4. 在日常生活中，家长要告诉孩子诚信的含义，让孩子知道要做个诚实的人，从小养成诚实守信的好品质	经验分享
开展亲子活动	请家长和孩子共同参加以“诚实守信　快乐相伴”为主题的故事会活动，让孩子理解诚信的重要性，知道答应别人的事要做到。能初步分辨是非，实事求是、不说谎，知错能改。让孩子乐于展示自我，增强自信心，激发表演欲望	表演活动

岁岁迎春 文明相伴

——十二月主题教育活动

活动目标

“合家欢聚　文明有礼”主题教育活动目标

班级：小班组

主题释译	【或饮食，或坐走。长者先，幼者后。】出自《弟子规》中的“出则悌”篇：无论在用餐、就座或行走时，都应该谦虚礼让、长幼有序，让年长者优先，年幼者在后 【对饮食，勿拣择。食适可，勿过则。】出自《弟子规》中的“谨”篇：饮食不要挑挑拣拣，吃东西要适可而止，不要过量，过量会损伤脾胃 【尊长前，声要低。低不闻，却非宜。】出自《弟子规》中的“出则悌”篇：在长辈面前，说话声音要低一些，但若低到尊长听不清的程度，也是不适宜的 【春节】指农历新年，俗称年节，是举家欢聚的日子，是中国最盛大、最热闹、最重要的一个传统节日，也是中国人所独有的节日。在春节期间要举行各种庆祝活动，如祭祀祖神、祭奠祖先、扫尘、迎禧接福、饮春酒、拜年、贴春联、挂年画、贴窗花、放爆竹、发红包、穿新衣、吃饺子、守岁、舞狮舞龙、挂灯笼等，形式丰富多彩，表达对未来一年的热切期盼和对新一年生活的美好向往
活动目标	1. 理解春节的意义，知道春节是举家欢聚的日子，知道谦虚礼让，懂得尊老爱幼 2. 喜欢听春节的故事，跟读春节的童谣，感受童谣韵律美，尝试用自己喜欢的方式来表达对家人的感情 3. 初步了解饺子，尝试制作与品尝饺子。懂得不挑食、不偏食，逐渐养成良好的饮食习惯 4. 参与春节拜年活动，学说春节拜年的祝福语，表达对家人的祝福和感谢 5. 参与春节艺术活动，尝试表达自己喜悦的情感，从中获得快乐 6. 愿意参加春节活动，知道春节的安全保健常识，形成初步的保护意识

“迎春纳福　知理懂礼”主题教育活动目标

班级：中班组

主题释译	【若衣服，若饮食。不如人，勿生戚。】出自《弟子规》中的“信”篇：如果吃的、穿的比不上别人，用不着为此忧愁悲伤。这不是什么不光彩的事儿，因为做人最重要的是品德的修养 【用人物，须明求。倘不问，即为偷。借人物，及时还。人借物，有勿悭。】出自《弟子规》中的“谨”篇：借用别人的东西，必须当面向人家提出请求，如果不经过别人允许就拿走，那就是偷窃；借别人的东西，用完后要及时归还，别人向你借东西，如果你有的话，就不要吝啬 【凡道字，重且舒。勿急疾，勿模糊。】出自《弟子规》中的“信”篇：说话时首先口齿要清晰。不要在说话的时候含糊不清，影响别人理解。其次注意说话的节奏。太快了不行，太慢了也不行，应根据表达的需要来调整 【春节】指农历新年，俗称年节，是举家欢聚的日子，是中国最盛大、最热闹、最重要的一个传统节日，也是中国人所独有的节日。在春节期间要举行各种庆祝活动，如祭祀祖神、祭奠祖先、扫尘、迎禧接福、饮春酒、拜年、贴春联、挂年画、贴窗花、放爆竹、发红包、穿新衣、吃饺子、守岁、舞狮舞龙、挂灯笼等，形式丰富多彩，表达对未来一年的热切期盼和对新一年生活的美好向往

（续表）

活动目标	1. 初步了解春节的来历，知道扫尘、贴春联、贴窗花、贴福字等春节习俗，懂得其寓意 2. 喜欢欣赏并理解有关春节的古诗，感受古诗所描写的新年元日热闹、欢乐和万象更新的动人景象 3. 知道饺子、年糕是春节的特色美食，并理解其代表的寓意。在品尝美食时不挑剔 4. 知道贴窗花是春节的习俗之一，欣赏各种各样的窗花，尝试创意制作窗花 5. 喜欢参加与春节相关的歌曲表演、泥工制作等艺术活动，尝试用不同形式创造与表现，感受作品的有趣与美妙 6. 了解拜年是春节的传统习俗之一，在拜年时，知道穿戴应整洁得体。不与别人攀比。能用清晰的语言与别人交流。知道借物明求，及时归还

“守岁团圆　明理行礼”主题教育活动目标

班级：大班组

主题释译	【出必告，反必面。居有常，业不变。】出自《弟子规》中的“入则孝”篇：出门前须告诉父母要去哪里；回家后要面见父母，让他们安心。日常起居作息，要有一定的规律；做事有常规，不要任意改变 【房室清，墙壁净。几案洁，笔砚正。】出自《弟子规》中的“余力学文”篇：读书之前，房间内要收拾整理，墙壁要保持干净，桌子要保持清洁，笔墨纸砚等要摆放端正 【年方少，勿饮酒。饮酒醉，最为丑。】出自《弟子规》中的“谨”篇：意思是年轻的时候，千万不要饮酒，一旦喝醉了，就会丑态百出而丢脸 【春节】指农历新年，俗称年节，是举家欢聚的日子，是中国最盛大、最热闹、最重要的一个传统节日，也是中国人所独有的节日。在春节期间要举行各种庆祝活动，如祭祀祖神、祭奠祖先、扫尘、迎禧接福、饮春酒、拜年、贴春联、挂年画、贴窗花、放爆竹、发红包、穿新衣、吃饺子、守岁、舞狮舞龙、挂灯笼等，形式丰富多彩，表达对未来一年的热切期盼和对新一年生活的美好向往
活动目标	1. 了解春节的起源和不同时代的名称，知道春节有祭祖、扫尘、迎禧接福、饮春酒、拜年等习俗，懂得守岁团圆的文化内涵 2. 了解扫尘的意义，知道扫尘的方法。懂得环境整洁的重要性，养成保持房间整洁的好习惯 3. 了解春节的南北特色美食及其来历，知道其营养价值，愿意创意制作并懂得分享给长辈，表达对家人的感恩之情 4. 了解餐桌上的酒文化，知道酒的作用及用途，懂得过量饮酒有危害，从而知晓做事有度 5. 欣赏春节相关的乐曲、歌曲，能用自己喜欢的肢体动作大胆进行表现，知道与人相处要以礼相待 6. 喜欢欣赏和阅读与春节相关的谚语、诗句，了解其含义。懂得与亲人相处的礼仪，并能在日常生活中运用

活动选编

古城幼儿园十二月主题教育活动名称

<table>
<tr><td rowspan="8">岁岁迎春　文明相伴
（十二月）</td><td>合家欢聚　文明有礼
（小）</td><td>迎春纳福　知理懂礼
（中）</td><td>守岁团圆　明理行礼
（大）</td></tr>
<tr><td>欢乐过大年</td><td>春节习俗多</td><td>扫尘有学问</td></tr>
<tr><td>新年穿新衣</td><td>秧歌扭起来</td><td>欢喜迎新春</td></tr>
<tr><td>巧手剪窗花</td><td>喜庆度元日</td><td>团圆大家庭</td></tr>
<tr><td>鞭炮迎新春</td><td>浓浓饺子情</td><td>餐桌酒文化</td></tr>
<tr><td>美味年夜饭</td><td>祝福送给您</td><td>拜年礼相传</td></tr>
<tr><td>饮食要适度</td><td>比较需有度</td><td>我的压岁钱</td></tr>
<tr><td>佳节敬尊长</td><td>借物知礼仪</td><td>生活有常规</td></tr>
</table>

饮食要适度（小班）

活动目标：

（1）了解春节常见的几种美食。

（2）知道合理饮食对身体健康有益，懂得养成良好的饮食习惯。

（3）理解诵读《弟子规》“对饮食，勿拣择。食适可，勿过则”。

（4）感受春节喜庆热闹的氛围，懂得基本的用餐礼仪。

设计思路：

交流分享—倾听故事—随师诵读—动手操作—欣赏视频。

活动准备：

经验准备：对春节美食的已知经验、有过吃春节团圆饭的经验。

物品准备：课件、故事视频、食材模型、圆桌板。

活动过程：

一、交流分享，了解春节的美食

师：孩子们你们看，他们在干什么？每逢春节我们也都会和家人围坐在一起吃饭，叫作吃“团圆饭”，那你们在过春节吃团圆饭时都吃过哪些美味的食物？

师：饺子是春节时最常吃的主食。

师：谁还知道我们过春节都吃哪些食物呢？

师：过春节时家家户户的饭桌上都少不了有饺子、鱼、鸡肉等这些美食，这些美食大家平时也会吃，但是在春节吃这些美食却别有一番寓意，它寄托着人们对新一年的美好向往。

二、倾听故事，理解健康的饮食

师：下面我们来欣赏一个小故事，看看壮壮一家人在吃团圆饭时发生了什么事？

师：吃饭时壮壮是怎么吃的？妈妈是怎么说他的？

师：最后壮壮怎么了？

师：如果是你，你应该怎么做？

小结：由于壮壮在吃饭时吃得太多、太快，而且吃的都是不好消化的肉类，所以最后导致他的肚子不舒服。那我们在吃饭的时候应该做到不挑食，不暴饮暴食，要细嚼慢咽。

三、随师诵读，理解句子的意义

师：这就是《弟子规》中说的“对饮食，勿拣择。食适可，勿过则”。我们一起大声地朗读一下吧。

师：谁来试着说一说这句话的意思？

师：这句话的意思就是告诉我们吃东西不能挑食，要适量，不能吃太多把自己撑到。

小结：短短的两句话就告诉我们这么多的道理，希望你们今后能够做到“对饮食，勿拣择。食适可，勿过则”，养成良好的饮食习惯，健康快乐地成长。

四、动手操作，共同制作团圆饭

1. 师幼讨论

师：今天我们学了很多，一会儿我们一起合作试着来准备一桌既丰盛又美味的团圆饭吧！

师：我这儿有很多丰富的食材，大家一起来看一看。

师：做之前先想一想，春节的团圆饭桌上都有哪些美食呢？你们都想利用这些食材做哪些菜呢？和你们身边的小伙伴商量一下吧！

2. 动手操作

师：原来大家有这么多的想法，那咱们就一起来“制作”一桌美味的团圆饭吧！做的时候大家要注意，一定要做有春节特色的食物哦。（请几名幼儿到讲台上选择食物粘贴在“团圆桌上”。）

小结：通过合作，我们一起“做”了一桌子丰盛的团圆饭，大家做的团圆饭里包含了蔬菜、肉类、海鲜类和主食类，可真丰盛啊！

3. 了解膳食金字塔

师：我们的身体每天都需要补充多种营养，所以我们每天会吃很多种类的食物，那到底哪些应该多吃，哪些应该少吃呢？让我们一起来听一听营养博士是怎么说的吧。

师：孩子们，膳食金字塔告诉我们什么食物该多吃，什么食物要适量吃，什么食物该少吃呢？

小结：粮食、蔬菜和水果，这些是我们每天必不可少的，肉、蛋、奶要适量吃，像巧克力糖果、油炸或咸的食物尽量少吃，大家要牢记哦！

五、欣赏美食，感受食物造型美

师：孩子们，我们幼儿园厨房的厨师们每天都会根据膳食金字塔为我们搭配三餐，下面我们就一起来欣赏一下吧，看一看你们都喜欢吃哪些菜呢？

小结：普普通通的菜经过厨师的搭配和翻炒，变得让人食欲大增、胃口大开，但不论遇到多好吃的食物，我们一定要记得“对饮食，勿拣择。食适可，勿过则”，而且还要把这个道理告诉你的家人，让他们也要这样去做哦！

秧歌扭起来（中班）

活动目标：

（1）了解春节的庆祝方式，知道秧歌是传统庆祝方式的一种。

（2）初步学习秧歌步，尝试跟随音乐节奏自由扭秧歌。

（3）能主动参与活动，感受扭秧歌的快乐。

设计思路：

了解秧歌庆祝方式—感知秧歌舞步—观察秧歌图谱—学习秧歌步法—尝试秧歌表演。

活动准备：

物品准备：课件 PPT、红手帕、秧歌习俗视频、扭秧歌图谱。

活动过程：

一、欣赏视频，了解秧歌庆祝方式

师：孩子们，今天我给大家带来了一段视频，让我们一起来看一看他们在做什么吧！（播放扭秧歌视频。）

师：你看到了什么？

师：扭秧歌用到了什么东西？

师：人们在什么时候会用扭秧歌这样的活动庆祝呢？

小结：扭秧歌是我们北方人喜欢的一种活动，在春节或一些喜庆节日，人们喜欢以这种方式来庆祝。人们会扮成各种各样的人物，手拿扇子、手帕或彩绸等跳舞，象征着人们对未来的美好期望。

二、教师示范，初步感受秧歌舞步

师：秧歌是怎样扭起来的呢？请你们看一看我是怎么做的。

师：我是怎么扭的？谁来学一学？（个别幼儿模仿。）大家一起学一学吧！

小结：大家模仿得很像，扭秧歌时身体要前后、左右扭动。脚下还有固定的舞步，这种舞步叫作“十字步”。

二、观看图谱，学习秧歌“十字步”

师：我们一起来看一看这个动作图谱吧！第一拍，我们应该怎样做呢？谁来试一试？

师：请大家跟我一起来做动作吧！

小结：大家都能认真地学习，第一拍，左脚起步向前交叉方向走（指对应的图谱），第二拍，右脚向前交叉方向走（指对应图谱），第三拍，左脚向后交叉方向走（指对应的图谱），第四拍，右脚向后交叉方向走（指对应图谱）。注意，准备的时候，大家的双脚要站在小脚印上。咱们参照图谱练习一下吧，注意脚步和颜色的对应哦！

四、动作练习，巩固学习秧歌步伐

师：我们可以参照动作图谱来练习秧歌动作，大家别着急，我们一起练习很快就能学会的。（幼儿自由练习，教师指导。）

小结：大家都很棒，很快学会了十字步。

五、尝试表演，感受秧歌的欢乐氛围

师：老师今天还给小朋友们准备了红红的手绢，用我们刚才学过的步伐跟随音乐来扭一扭吧。（随音乐扭秧歌。）

小结：大家扭得可真好呀，不仅步伐正确而且和小手的配合也很棒！我希望你们把春节的这些祝福送给家人和朋友，也可以把今天学到的秧歌步与身边的朋友一起分享，和大家一起庆祝春节。

我的压岁钱（大班）

活动目标：

（1）知晓给“压岁钱”是春节的习俗之一，了解压岁钱的由来。

（2）学说拜年祝福语，懂得合理使用零用钱。

（3）愿意参与角色表演，体会长辈对孩子的爱。

设计思路：

了解压岁钱由来—学说拜年祝福语—知晓压岁钱用途—合理使用零用钱。

活动准备：

经验准备：幼儿和父母一起搜集不同类型的祝福语。

物品准备：PPT 课件、《压岁钱的由来》故事视频、计划表、角色扮演道具（图卡、头饰）、压岁红包。

活动过程：

一、同伴分享，说说春节的习俗

师：孩子们，春节是我们国家的传统节日，你都知道春节有哪些习俗吗？

师：大家知道得可真不少，春节是一个阖家欢乐的日子，家家户户都特别热闹，我们可以贴春联、放鞭炮、穿新衣、戴新帽，而且去给长辈拜年时还可以收到压岁钱。

二、欣赏故事，听听压岁钱的由来

师：那你知道什么是压岁钱吗？

师：为什么长辈会给我们压岁钱？

师：大家说了这么多，那到底什么是压岁钱？让我们一起来听一个关于压岁钱的故事吧！

师：谁来说说，为什么会收到长辈送给我们的压岁钱呢？

小结：传说在古代，每到除夕，为了驱赶“祟”，孩子们都会得到长辈们用红纸包着的压“祟”钱，希望可以平平安安度过一年。起初并不是给真的钱，而是给像钱一样的象征性的东西。随着时代的变化慢慢也就变成了现在收到的压岁钱。而且长辈们也会收到儿女送的压岁钱，寓意着长辈们的岁数不再增长，永远年轻。

三、自选角色，学学拜年祝福语言

师：你们收到过压岁钱吗？是谁给你们的？

师：谁能说一说在给长辈拜年时你们是怎么做的呢？

师：刚才说到的磕头，也叫叩拜礼，是小辈给长辈拜年时用到的最隆重的礼仪。

师：有的小朋友还说到作揖，在行这种礼仪时特别要注意，抱拳时，男孩子要用左手握右手，女孩子用右手握左手，我们可以一起来学一学。作揖时，不要忘了对长辈说上一句“过年好”。

师：我知道小伙伴们都搜集了很多的祝福语，那大家一起说一说你都搜集了哪些祝福语。

师：这些祝福语你都在什么时候说过？

师：像福如东海、寿比南山这类的祝福语更适合长辈在过生日的时候送上祝福，寓意长辈们的福气像东海一样浩大，寿命如南山一般长久。

师：在拜年说祝福语的时候，对老人们可以从年龄和健康方面祝福他们，希望他们永远年轻、长命百岁、岁岁平安、身体健康等。

师：像生意兴隆、恭喜发财比较适合对做生意的长辈来说。

师：对和爸爸妈妈年龄差不多的长辈，我们就可以从工作、心情方面祝福他们，如万事如意、心想事成、天天开心、工作顺利等。

师：对于哥哥姐姐，可以祝他们笑口常开、天天开心、学业有成。

师：祝福语不仅仅只在春节拜年时会说到，只要是值得庆祝的时刻，我们都可以用祝福语表达自己的心情以及对家人、朋友们的美好祝愿和关爱。在说祝福语的时候可以根据不同的场合、不同年龄送上不同的祝福语。

师：刚才在大家的交流过程中，我们了解了很多拜年时用到的礼仪和祝福语，一会儿咱们就一起来玩一个角色扮演的游戏，名字叫《一起去拜年》。这个游戏可以由两个小朋友或者多个小朋友一起完成，大家相互商讨拜年时需要扮演的角色，然后根据你所扮演的角色来挑选合适的道具进行拜年活动。

师：谁愿意和你的小搭档进行展示？（请幼儿到前面进行表演。）

师：好温馨的一家人，宝贝不仅收到了压岁钱，而且还收到了长辈们的祝福和期望。那咱们互相变换一下角色，再看看这回宝贝们会对长辈怎样拜年呢？

师：大家一起来看一看这一家人又是怎么做的。

师：这组小朋友在表演时注意到了应该用双手接过长辈的压岁钱，而且对长辈还用了礼貌用语，是一个懂礼貌的好宝宝。

小结：每到过年，大家都会收到长辈送给的压岁钱，不管多与少，它都代表着长辈们的一份心意。收到压岁钱的时候一定要双手接过，因为它很珍贵，而且还要给长辈拜年，说一些吉祥话、祝福语，表示对长辈的尊敬，这样才是一个懂礼貌的好孩子。

四、师幼交流，讲讲压岁钱的用法

师：大家都收到过压岁钱，那这些钱你们都想怎么用呢？

师：这么多的钱我们都要用来买玩具和零食吗？

师：谁还有其他的做法吗？

师：因为我们年龄还小，这些钱可以先由父母帮忙保管，或者存进银行。

师：听到了小伙伴们的这些使用方法，你有没有新的想法呢？

小结：大家刚才说到了很多压岁钱的使用方法，由于我们年龄还比较小，收到的压岁钱也很多，所以一定要在父母的陪伴下合理使用这些压岁钱。我们可以购买一些自己需要的物品或者是帮助别人，这样才能让它更有意义。

五、填写计划，合理分配好零用钱

师：再过一段时间就是春节了，今年收到的压岁钱你想怎么使用呢？我这儿有一张计划表，上面有很多使用方式，你可以选择你希望的方式；如果没有你希望的方式，也可以在下面的空白处写一写，然后再和你身旁的小伙伴说一说你的做法吧！

师：我看大家都做好了计划，那谁来向小伙伴们介绍一下你的计划表呢？

小结：通过大家制订的计划表，我发现你们既买到了所需要的物品，还有剩余存进了银行，懂得了合理计划、使用自己的压岁钱，都成了理财小能手。

师：其实，生活中我们不仅要使用和管理好压岁钱，所有的钱都要认真对待，就像在角色游戏中一样要有计划、合理地使用你赚来的报酬。从今天开始咱们就一起来比比，看看谁是懂得理财的好宝宝！

延伸活动

漂亮的窗花（小班）

游戏目标：

欣赏各种各样的窗花，尝试沿着直线剪出窗花。

游戏材料：

剪刀、彩纸、步骤图。

游戏玩法：

欣赏各种各样的窗花图片，依据步骤图，用剪刀剪出窗花。

好吃的饺子（小班）

游戏目标：

欣赏各种各样的饺子图片，学习包饺子的方法。

游戏材料：

彩泥、步骤图。

游戏玩法：

欣赏各种各样的饺子图片，依据步骤图选择用喜欢的彩泥制作饺子，学习包饺子的方法。

巧手做窗花（中班）

活动目标：

欣赏窗花图片，尝试用多层折叠的方法练习剪窗花，感受图案的美。

活动材料：

彩纸、剪刀、窗花图片。

活动玩法：

选择自己喜欢的窗花图案。用多层折叠的方法将纸折好，准备剪窗花。自己设计图案或者依据步骤图来剪窗花。

美味的年糕（中班）

活动目标：

欣赏年糕图片，了解制作方法，尝试用团圆、揉、搓、捏的方法创意制作年糕。

活动材料：

年糕图片、黏土、废旧纸屑。

活动玩法：

欣赏年糕图片。依据自己的能力，选择步骤图进行制作。根据步骤图提示制作年糕。

一起逛庙会（大班）

活动目标：

在游戏中感知磁铁隔物相吸的特性，体验磁铁游戏的乐趣。

活动材料：

硬纸板、学习单、自制平台、人物图片、庙会场景图、磁铁。

活动玩法：

选择人物图片和磁铁自由进行验证，完成学习单。

黏土变变变（大班）

活动目标：

欣赏饺子图片，创意制作饺子，感受泥工活动带来的乐趣。

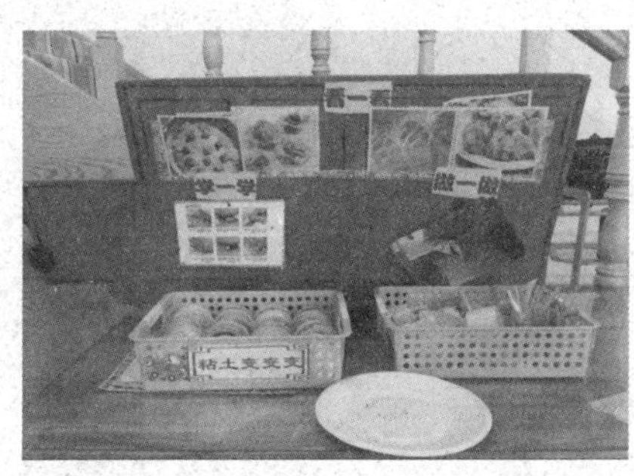

活动材料：

纸、黏土、步骤图、模具、各种饺子图片。

活动玩法：

欣赏各种各样的饺子图片。根据步骤图进行创意制作。

周 回 忆

主题名称：合家欢聚 文明有礼
姓名：
班级：
日期：

一周乐回想

愉快的一周结束了，你一定收获了很多有关春节的知识吧，让我们来回顾吧！

1. 我们都知道过春节有放鞭炮的习俗，请和你的家人说一说下面图中哪些行为正确，哪些是错误的，为什么？并把正确的行为圈○出来。

2. 请先读读下表中《弟子规》的内容，再和家人说一说你做到了哪些内容？让父母为你做出评价吧！做得很好，画对勾（✓）；做得一般，画三角（△）；没有做到，画叉（×）。

内容	评价
或饮食，或坐走	
长者先，幼者后	
尊长前，声要低	
低不闻，却非宜	

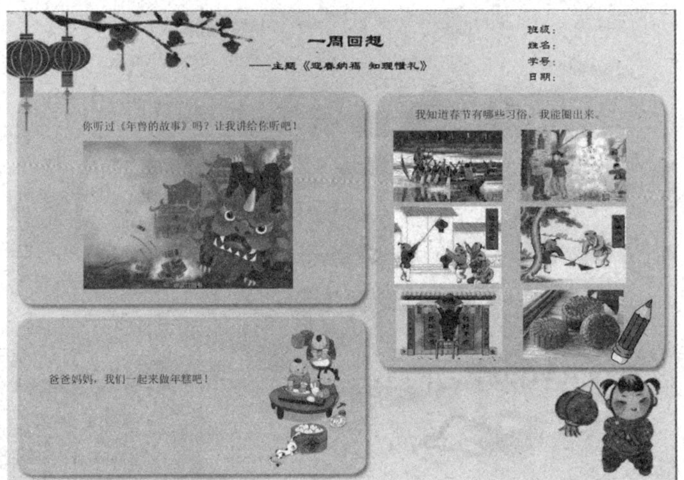

一周回想

——主题《迎春纳福 知理懂礼》

班级：
姓名：
学号：
日期：

你听过《年兽的故事》吗？让我讲给你听吧！

我知道春节有哪些习俗，我能圈出来。

爸爸妈妈，我们一起来做年糕吧！

主题名称：
守岁团圆 明理行礼
班级：
姓名：
日期：

亲爱的小朋友们：

一周的快乐生活又结束了，这一周我们共同了解了春节美食，还一同认识了日历，你还记得吗？让我们快来回顾一下吧！

你在过年的时候会吃到下面哪些美食呢？请你圈出来吧！

请你对照日历说一说，"今天"是几月几日星期几，并把它圈出来吧！

2017年12月 农历丁酉(鸡)年辛亥月 建国69年

日	一	二	三	四	五	六
					1	2
3	4	5	6	7	8	9
10	11	12	13	14	15	16
17	18	19	20	21	22	23
24	25	26	27	28	29	30
31						

快来画一画在春节时，你吃过的美食吧！

家园共育

家园齐欢聚
——致家长的一封信

亲爱的家长朋友们：

您好！

春节俗称“年节”，是我国的传统佳节。古时，春节曾专指节气中的立春，现在它被视为是一年的开始。随着春节的临近，我们将和孩子们一起开启新的旅程，走进“合家欢聚　文明有礼”主题活动，让孩子们感受春节的喜庆和魅力，并在活动中理解《弟子规》中“对饮食，勿拣择。食适可，勿过则”和“尊长前，声要低。低不闻，却非宜”及“或饮食，或坐走。长者先，幼者后”的意义。

小班幼儿对新鲜事物具有强烈的好奇心，喜欢向成人提出各种各样的问题，他们爱听故事、学童谣，能安静地听别人讲故事；他们爱模仿，喜欢与人交往，动作也开始协调，因此，我们将结合小班孩子的年龄特点与发展水平，开展欣赏春节故事、诵读春节童谣、家园包饺子、爆竹迎新春等活动。通过这些活动的开展，使孩子们了解关于春节的习俗，认识春节的食物，知道春节是家人欢聚的节日。在活动中，懂得要尊重长辈，不挑食偏食、暴饮暴食。

为了使孩子们更好地了解春节，感受春节的欢乐，请您陪伴孩子一起给长辈拜年，一起进行包饺子活动，一起动手制作美丽的烟花爆竹，参与家人欢聚活动。在这些活动中，相信您一定会体验到春节的快乐和欢乐的节日气氛，同时看到孩子的成长！

让我们一起走进“合家欢聚　文明有礼”主题活动中吧！

小班教师敬上

“岁岁迎春　文明相伴”主题教育活动家园共育计划

主题名称	合家欢聚　文明有礼（小班）	
项目	内容	实施途径
利用家长资源	1. 请家长与孩子在家中共同查阅、搜集有关春节的节日特点和民俗活动，将所搜集的图片、故事、童谣等与小伙伴们交流分享	翻阅书籍、网络搜索
	2. 在日常生活中，家长和孩子多关注春节的特色美食，了解其代表的含义，知道食物的做法、食材、营养成分，丰富孩子的知识经验，方便开展主题教学活动	翻阅书籍、网络搜索、实践操作
	3. 请家长与孩子多欣赏关于春节的绘画、手工作品，并尝试用喜欢的方式绘画或制作关于春节的作品，回来后与小伙伴们共同欣赏	网络搜索、实践操作
	4. 在日常生活中，家长要告诉孩子“团圆”的含义，并可以用唱歌、跳舞、绘画等多种形式来表达对长辈的爱和祝福	经验分享
开展亲子活动	请家长和孩子共同参加“亲子包饺子”的手工制作活动，了解春节的习俗和特色美食，知道饺子的制作过程和方法，感受节日的氛围以及亲子制作的乐趣	手工活动

游/戏/活/动/篇

混龄游戏在儿童教育中已经成为改善幼儿同伴之间关系、发展儿童社会适应能力的一种重要途径。我园紧跟秦皇岛市学前教育改革步伐，开展混龄游戏已8年有余。我们根据孩子们的兴趣变化和主题的调整，对游戏内容不断进行调整、更新、完善，每一年都会带给孩子们不同的游戏环境，使他们在游戏活动中体验快乐，增强他们的自信心及交往能力。

山海关，原名榆关或临闾关，是一座历史悠久的文化古城。我园坐落在古城之中，孩子们从小耳濡目染的就是古香古色的建筑风格和做真正山海关人的思想情怀。依据这些特点，我们将室内（社会型）游戏活动背景确立为“榆关古城”，围绕此主题以及孩子们感兴趣的社会上的职业，共创设了古城百戏楼、古城民俗园、古城小市集等涉及与现实社会内容相符合的13个传统风格的游戏内容以及45个工作职位。

户外（运动型）游戏活动，则以孩子们熟知的中国四大名著之一的《西游记》作为主线索，创设了富有情境性、趣味性和挑战性的“西游大通关”户外混龄游戏。游戏共设置了“取经上路”“强渡流沙河”“智过陷空洞”等19“难”，涵盖了走、跑、跳、钻、爬、攀、跨、抬、平衡、投掷、臂力练习等多种综合技能训练，达到使孩子们强身健体的同时又促进身体各方面协调发展的目的。

“古城百草堂”角色扮演游戏交流与分享

游戏内容：

游戏目标	游戏目标内容	游戏材料	游戏材料内容
游戏目标	* 了解百草堂的不同工作岗位及岗位职责 * 主动扮演自己喜欢的角色，掌握问诊、抓药、制作等技巧 * 喜欢参加游戏，能按照活动流程参与游戏 * 能礼貌待人，愿意与同伴交往、合作，不妨碍别人游戏	游戏材料	仿真钱币、工作服装、药柜、各种中草材、捣药工具、制药工具、碾药工具、熬药锅、电磁炉、摸脉枕、牛皮纸等

角色	职责			费用（元）		时间（分钟）
	小班	中班	大班	收	支	
收银员	* 辨认不同面值的钱币	* 认真清点保管好所收费用 * 准备进行 5 元以内钱币的收取及找零 * 为顾客发放挂号牌	* 能够按照消费单内容进行统计收费 * 按照面值整理好所有钱币，练习进行 10 元以内钱币的收取及找零	1 ~ 2		5 ~ 10
抓药师		* 把药材整理分类放到相应的医药柜中	* 按照处方为顾客配药，并且向顾客说明如何服用等相关事项	1 ~ 2		5 ~ 15
碾药师		* 按照步骤图，将药材压碾研磨成碎末	* 按照步骤图，通过推动铜磙在铜碾子槽中来回压碾研磨，使药材饮片分解、脱壳	1 ~ 2		5 ~ 10
捣药师	* 将各种药材分类，装入相应的盒子里	* 将植物药坚硬的根类、根茎类、种子果实类、皮类，动物药骨甲类、贝壳类、胶类，等按处方使用而加工成小块或粗末		1		5 ~ 10
制药师	* 尝试根据步骤图，运用搓、团圆等技能制作简单的小药丸	* 根据步骤图，把碾碎或捣碎的中草药制作成药丸，并装入药丸盒中		1		5 ~ 10
熬药师		* 按照处方用热水冲花茶	* 按水与药材的比例将药泡半小时，换水，然后放入熬药的锅中熬制	1 ~ 2		5 ~ 10
郎中			* 为病人摸脉、问诊、看病	2		15
顾客	* 尝试与人交流，按照流程参与活动 * 愿意配合工作人员完成理发造型	* 主动与店员交流，尝试购买自己所需要的药材	* 积极与工作人员交流，并主动表达自己的想法 * 根据自己的身体状况，购买自己所需要的药材		12	

交流分享目标：

（1）明确自己的职责任务，感受认真工作的快乐。

（2）尝试理解什么是责任心。

（3）知道怎样做才是一位有责任心的人。

物品准备：

PPT、图片。

交流分享过程：

一、清点人数，相互交流

1. 组织幼儿，清点人数

师：看到大家的表情就知道今天玩得一定很开心。现在就请你和旁边的小伙伴说一说在“榆关古城”里，今天你是谁？做了哪些工作？

2. 师幼谈话，相互交流

师：谁来说说今天你是谁？

师：你做了些什么？

师：挣了多少钱？

师：打算用这些钱干什么？

3. 鼓励幼儿，自愿分享

小结：宝贝们挣钱虽然辛苦，但却很有意义。小朋友们不仅体验了工作挣钱，还体验了作为小顾客去消费。看到大家都能合理支配自己的工资，把钱花在有意义的地方，真为你们感到高兴。听了宝贝们刚刚的分享，发现大家真是热爱工作、懂得生活的人。

二、了解职责，理解什么是责任心

师：看来大家都很开心，也很有收获。

师：你为几个顾客进行了服务？

师：谁来说说你是怎样做的？（你都干了些什么？）

师：今天 ×× 体验了郎中这个职位，谁说一说郎中是做什么的？ ×× 你今天为几位小病人看病了？你是怎么为他们看病的？

师：我们可以用望、问、闻、切的方法进行问诊，那什么是望、问、闻、切呢？我们一起来看一下大屏幕。

望，就是对病人的神、色、形、态、舌等进行观察。

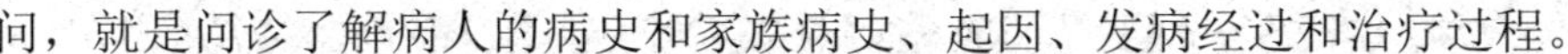

问，就是问诊了解病人的病史和家族病史、起因、发病经过和治疗过程。

闻，就是听病人的声音和嗅气味。

切，就是摸脉象。

师：假如在没有病人来的时候郎中会怎么办？

师：×× 真是一位负责任的、热爱自己工作的郎中。在没有客人的时候你还会对医药方面的知识进行学习。其实，不管是在工作中还是在生活中，每一个人都应该像 ×× 一样认真完成自己应该做的事。我们应该从身边小事做起，成为一名对自己负责、对他人负责、对工作和社会负责的人。不管我们在哪儿，只要我们认真地听一听看一看，会发现有很多负责的人就在我们身边。当然，我们也有可能会看到一些对他人不友好、不认真、不负责的人，我们要及时大胆有礼貌地向他指出来，提出我们的建议，希望他和我们一起进步，做一个有责任心的人。这是一种美德，更是我们每个中国人的责任。

“古城百戏楼”角色扮演游戏交流与分享

游戏内容：

游戏目标	* 了解传统艺术，喜欢戏曲等传统艺术形式 * 喜欢上台表演，体验表演的快乐，增强自信心 * 懂得遵守游戏规则 * 对别人的付出要报以掌声，懂得尊重别人	游戏材料	模拟钱币若干、大屏幕播放器、演出服及头饰、小椅子、自制售票处、自制道具化妆间、屏风、幕布等

角色	职责			费用（元）		时间（分钟）
	小班	中班	大班	收	支	
售票员	* 会用简单的礼貌用语问好，发给顾客正确的座位号	* 面带微笑，解答客人提出的问题，并发给顾客座位号	* 正确使用礼貌用语，发给顾客座位号，热情接待顾客	1		5～10
检票员	* 请持票观众入场	* 面带微笑，请持票观众入场，引导顾客去售票处购票	* 正确使用礼貌用语，请持票观众入场，为观众指明入场路线	1		5～10
服务员	* 为观众服务，提供水果、零食	* 热情礼貌为观众服务，主动为观众提供水果、零食等	* 正确使用礼貌用语，热情为观众服务，满足观众的需求。整理观众席的桌布等物品	1		5～10
演员	* 能够表演节目	* 面带笑容，能完整地表演节目	* 面带笑容，能与观众进行交流，能生动地表演节目	1		5～10
化妆师		* 热情主动接待演员，帮演员画简单的妆容	* 正确使用礼貌用语，用正确的画妆步骤为演员画适合所演节目的妆容	1		5～10
造型师	* 主动询问演员角色，帮助演员取放服饰	* 热情主动接待演员，依据角色帮助演员选择合适的服饰	* 正确使用礼貌用语，为演员推荐换好合适的服饰，并整理演出服	1		5～10
观众	* 保持安静，尝试对号入座	* 能对号入座，喜欢（认真）观看他人表演，并给予鼓励	* 有次序地对号入座，配合演员进行互动，并给予掌声鼓励		12	

交流分享目标：

（1）知道演员的活动流程及注意事项。

（2）了解敲鼓的正确方法。

（3）自信大胆地表现，感受当演员的快乐。

物品准备：

PPT、大鼓、鼓槌、音乐、敲鼓视频。

交流分享过程：

一、相互交流，说说体验感受

1. 组织幼儿，清点人数

师：“榆关古城”角色混龄游戏活动结束了，我们一起看一看、数一数大家是否都回来了呢？（师幼共同清点人数。）

2. 师幼谈话，相互交流

师：今天出勤 × 人，× 位小朋友都回到了班级。看到大家高高兴兴回来的样子，就知道大家很开心。现在就和你旁边的小伙伴说一说在“榆关古城”里，你变成了谁？做了哪些事情？（幼儿互相交流。）

师：谁来说说在今天的角色混龄活动中你都去了哪儿？扮演了什么角色？

3. 体验角色，珍惜成果

师：听了大家的分享，我发现你们不仅是小顾客，还参加了各项不同的工作挣到了工资。你们是怎么挣到钱的？谁来教教大家？

师：你在百戏楼表演什么节目了？你能给大家做一个动作吗？

师：你的动作真美，我们一起来学一学吧！

二、认识演员，了解工作职责

师：谁还在“百戏楼”表演节目了？

师：今天你表演的节目是敲鼓，在表演之前还需要做哪些准备工作吗？你来教一教大家。

师：原来是这样呀，在上台表演前先请造型师和剧务老师帮我们选服装和道具，比如要把鼓背在身上，拿好鼓槌。用鼓槌带尖的这一端敲击，我们手握平滑的这一端。准备好了吗？开始你的表演吧！

师：谢谢你的表演。我觉得 ×× 敢于站在前面表演，非常勇敢和自信，特别棒！

那怎样当好一个演员，把精彩的节目带给观众呢？

师：我们一起来看一看视频中的演员是怎样表演的，他们的动作是什么样的，表情是什么样的。

师：谁来说一说，演员的表情是什么样的？他们动作是什么样的？这么多人一起表演乱不乱？他们的站姿是什么样的？

师：那是不是像你们说的这样呢？我们继续把节目看完。

师：就像你们说的，演员上台表演的时候站姿要精神挺拔，表情要微笑自信，动作要整齐划一，所以他们的节目非常精彩。

师：现在我们也来当小演员表演敲鼓。把我们的食指变成小鼓槌，面带微笑，我们一起听着音乐跟着老师来表演敲鼓吧。

师：孩子们，你们演得可真好，动作到位，表情也很美。相信你们都能成为“百戏楼”的合格的小演员，观众们一定会喜欢你们的表演。

三、换位思考，尊重演员

师：如果你作为演员在表演节目的时候，下面的观众没有认真看，或者大声吵闹影响会场秩序，你会怎样？会高兴吗？

师：所以，我们不论是在“百戏楼”看表演，还是在实际生活中和家人一起去看舞台剧、音乐剧或电影等，一定要遵守会场秩序，尊重演员。如认真观看，不吵闹，不随意走动。表演结束后要回馈热烈的掌声。希望我们都能成为自信的小演员、有礼貌的小观众。今天的交流就到这里了，希望你回家后把今天的收获也和爸爸妈妈说一说。

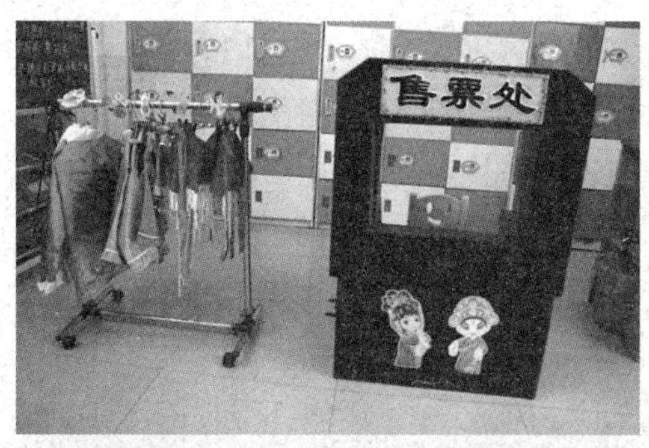

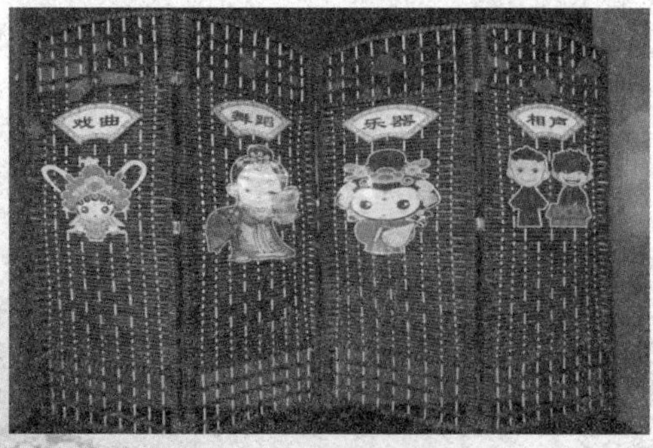

“古城藏书阁”角色扮演游戏交流与分享

游戏内容：

游戏目标	内容	游戏材料	内容
游戏目标	* 知道阅读能增长见识，从小养成喜欢阅读的良好习惯 * 掌握正确阅读图书的方法，学会爱护、修补图书 * 喜欢阅读活动，有目的地阅读寻找答案 * 愿意与同伴用多种方式分享自己阅读的图书	游戏材料	读书卡、胸卡、阅读规则桌牌

角色	职责			费用（元）		时间（分钟）
	小班	中班	大班	收	支	
管理员	* 寻找发现破损的图书，并将其放在修补区 * 按标注将图书摆放在书架的相应位置	* 面带微笑，提醒读者安静有序文明阅读 * 知道将破损图书放在修补区，关注图书完好程度	* 关注读者的阅读书目，遵守阅读规则 * 主动将堆放的图书进行分类，登记	1		5 ~ 10
小读者	* 学习一页一页地翻书，安静阅读 * 看书时要坐姿端正，书与眼保持一定距离 * 知道书屋规则	* 自主选择图书进行有目的的阅读 * 尝试用自己喜欢的方式表达阅读收获 * 有序摆放图书，遵守书屋规则 * 乐于分享图书，感受与同伴共同阅读的快乐	* 依据问题，选择合适的书目进行阅读，主动寻求答案 * 主动与他人分享自己的阅读经验 * 喜欢阅读活动，逐渐做到自主阅读			

交流分享目标：

（1）了解图书管理员的工作。

（2）增强热爱图书、保护图书的意识。

物品准备：

图书、胶条、抹布。

交流分享过程：

一、清点人数，相互交流

师：孩子们，今天的“榆关古城”活动结束了，我们一起先来看一看小伙伴们都到齐了吗。

师：我发现每个人的脸上都洋溢着幸福的表情，看来大家今天都玩得很开心。现在就和你旁边的小伙伴说一说，今天在“榆关古城”里你扮演了什么角色，做了哪些工作？

师：谁来说说今天你做了些什么？

师：你挣了多少钱？打算用这些钱干什么？

师：看来今天大家不仅玩得开心，而且还收获不少。今天大家去了这么多地方，也体验到了这么多的角色、职位，我替你们感到高兴！

二、了解图书管理员的工作

师：今天 ×× 体验了图书管理员的工作，我们请他来说一说图书管理员是干什么的？他都做了什么？

师幼共同回忆管理员的工作流程：

（1）为小读者发放读者证。

（2）整理图书，引导读者看完书后放回原位。

（3）打扫图书室卫生。

（4）活动结束后收回读者证。

小结：孩子们你们都学会怎样当一名图书管理员了吗？有机会大家一定要去试试哟！

三、学习修补图书

师：在整理图书时，如果发现了一些破损的图书怎么办呢？

师：首先，我们先将破损的图书收集整理出来，然后选择合适的工具和材料进行修补。修补图书的材料有剪刀、糨糊、胶布、彩色纸等。

师：如果图书只是简单的掉页或破损，我们可以用透明胶直接粘贴。如果有些书破损情况严重的话，可以先用彩色卡纸将其补上，再用透明胶进行固定。

师：这些修补图书的方法我们在语言区也能找到。

师：图书是我们的好朋友，除了要学会修补图书，我们还要更加爱护它们哦！

“古城车马行”角色扮演游戏交流与分享

游戏内容：

游戏目标	* 喜欢骑马、坐轿，能主动参加游戏，明确自己在游戏中扮演的角色 * 按照活动流程参与游戏，能学着坚守岗位 * 主动扮演自己喜欢的角色，掌握租赁、维修、抬轿子等技巧 * 体验账房先生、车夫轿夫以及顾客的感受，角色间能积极交流 * 能礼貌待人，愿意与同伴交往与合作	游戏材料	* 账房用品：算盘、价位牌、租金券、骑马券、租车券 * 车马用品：充气马、轿子、手拉车、充气泵、介绍牌 * 服装道具：店员马甲、车夫背心 * 维修道具：小木槌、轿子围帘、抹布、手工拼装玩具 * 售卖道具：小马车摆件、泥工马车作品、马车配件等

角色	职责			费用（元）		时间（分钟）		
	小班	中班	大班	收	支	小	中	大
接待员	* 能和客人问好，引导客人看价目表选择想要消费的项目	* 主动与客人问好，能简单介绍车、马的价钱，引导顾客缴费	* 主动与客人交流，用连贯的语言介绍车马行坐轿、骑马、租车的价钱，将马的品种和车的款式说清楚，并引导客人缴费	1		5	8	10
账房先生		* 认真清点保管好所收费用，练习进行 5 以内钱币的收取及找零	* 能够按照消费单进行收费，按照面值整理好所有费用；练习进行 10 以内钱币的收取及找零	1		5	8	10
维修伙计	* 学习用玩具零件简单拼装轿子	* 知道清洁车马、轿子的基本顺序，知道更换轿子围帘的方法	* 能正确使用维修工具，能辨别哪些地方需要维修，知道维修的基本步骤	1		5	8	10
车夫轿夫		* 能和同伴相互配合，按指定路线拉车或者抬轿子	* 热情礼貌接待客人 * 同伴配合能按规定路线行走；能平稳、有节奏地抬轿子	1		5	8	10
回收伙计		* 将车马收回，查看是否有损坏 * 凭押金券退还押金	* 回收车马，检查是否有损坏 * 主动与客人交流，了解租车租马感受，退还押金，欢迎客人下次再来 * 将车、马送回各自场地	1		5	8	15
维护治安		* 知道轿子行走路线 * 引导顾客线外等待	* 能够管理场地治安，引导轿夫按路线抬轿子 * 有礼貌地与顾客交流等待地点	1		5	8	10
配件贩卖	* 能简单询问顾客的需要，给客人开购买小票	* 将配件商品摆放整齐 * 主动接待顾客，耐心介绍配件商品 * 开具小票	* 能将商品分类摆放整齐，做到卖出商品后及时填充新的商品；热情大方地给客人介绍配件商品；开具小票后将商品进行打包	1		5	8	10
顾客	* 尝试与人交流，按流程进行活动 * 愿意配合工作人员完成租车、租马	* 主动与接待员交流，了解租马流程 * 自选车、马，配合治安维护员完成体验过程	* 积极与车马行人员交流，主动表达自己的想法 * 自选车、轿、马进行游戏，感受骑马、坐轿带来的乐趣，游戏后将物品完好归还		1			

交流分享目标：

（1）了解轿夫的职责任务。

（2）知道抬轿的行驶路线，抬轿时能做到平稳有节奏。

（3）感受抬轿子的乐趣，体验帮助他人的快乐。

物品准备：

轿夫马甲、轿子、活动场地、指示标志。

交流分享过程：

一、稳定情绪，用游戏方式清点人数

师：宝贝们，我们今天的“榆关古城”活动结束了，看看小伙伴们都回来了吗？咱们来玩个报数的游戏吧！

二、相互交流，分享角色游戏的乐趣

师：刚才你们都去哪儿玩啦？应聘了什么工作呢？快和小伙伴们说一说吧！

三、师幼谈话，加深对角色游戏印象

师：看来大家玩得都非常开心，谁到前面来分享一下，说说你去了哪里？你的工作是什么？挣了多少钱？

师：你去哪里了？是自己还是带着弟弟妹妹？你们应聘了什么工作？

师：你应聘了什么工作？是怎样做的？在工作中收获了什么？

四、个别分析，进行知识的巩固扩展

师：孩子们，今天应聘咱们车马行轿夫这个职位的人超级多，我对这个职位也非常好奇，也很想了解一下他们是做什么工作的，谁能具体地说一说呢？

师幼共同回忆轿夫的工作流程：

1. 应聘工作前的准备

师：孩子们，你们知道轿夫是做什么工作的吗？（个别幼儿回答。）

师：你们说得非常好，如果没有体验过这个游戏的小朋友要担任这个工作，该怎么办呢？

小结：我们在应聘工作之前一定要了解这份工作的内容，要清楚这份工作的职责，咱们可以通过《工作手册》获得信息，也可以询问角色区的经理。

2. 活动中应注意的事项

师：在体验轿夫这个职业时，我们应该注意哪些问题呢？

（1）热情接待顾客。

（2）按规定道路行走。

（3）将轿子停放在固定的位置。

（4）抬轿时注意抬的姿势和位置。

（5）同伴间相互配合，同速前进，步调一致。

小结：原来抬轿子有这么多讲究呢，下次大家可以去试试哟！

五、记录薪金，懂得正确支配工资

师：你今天挣了多少钱？一共有多少钱？你想用这些钱去做什么呢？

小结：挣钱是很辛苦的，非常不容易，所以我们要懂得节约，正确支配工资，把钱花到有意义的地方去，做个不乱花钱的懂事的好孩子。

六、活动延伸，体验现实的角色内容

师：我们了解了咱们车马行轿夫的工作内容和做法，在平时生活中你见过轿夫吗？在哪里见过？回家后可以和爸爸妈妈一起去了解一下，回来分享给小伙伴们。

师：那今天的“榆关古城”活动就要结束了，期待下次更有趣的体验吧。

“古城大钱庄”角色扮演游戏交流与分享

游戏内容：

游戏目标	* 认识“古城大钱庄”，了解其作用，知道古代钱庄相当于现代的银行 * 认识 10 元以内的人民币，初步掌握 10 以内的加减运算 * 了解存钱、取钱的流程，学习正确使用算盘的方法 * 喜欢扮演大钱庄中的账房先生，增长有关于钱的知识经验	游戏材料	等待区、钱庄窗口、步骤图 装饰吊牌、分类盒、适量钱币、账本

角色	职责			费用（元）		时间（分钟）
	小班	中班	大班	收	支	
账房先生		* 有礼貌地迎送顾客，知道各种优惠政策，对顾客办理存取款业务进行耐心指导	* 热情主动地接待进区顾客，并会招揽顾客进区游戏，使用礼貌用语欢送小顾客 * 能正确填写存、取款单和存折	1		5 ～ 10
顾客	* 了解钱庄的优惠政策，知道存取款的业务流程，并尝试进行简单操作	* 了解钱庄的优惠政策并按照流程进行存取款，能自主进行简单操作	* 知道钱庄的优惠政策，熟练班级存取款业务，清楚 * 表达自己的意愿，并能在存取款的业务单上进行签字			

交流分享目标：

（1）乐于扮演账房先生，了解其职责。

（2）学习使用算盘，知道算盘的打法与算法。

（3）认识各种常见人民币的面额，能够主动与顾客交流。

物品准备：

各种面额的人民币、算盘、平板电脑。

交流分享过程：

一、经验交流，说说账房先生的职责

师：在刚才的活动里，你们都去哪儿玩了？快和你身边的小朋友说一说吧。

师：我们一起来看看小伙伴是否都回到班级了，请小男生起立报数，小女生起立报数。

师：在今天的“榆关古城”活动中，你们玩得开心吗？今天你扮演了什么角色？你是怎么做的？（个别幼儿举手发言。）

教师根据幼儿的回答适当追问。

师：孩子们，活动时 ×× 扮演的是账房先生，古时候的钱庄就是现在的银行，账房先生就和现在银行的职员相似。

师：那你是怎么工作的？

师：我们的小账房先生首先要辨认不同面值的钱币，按照不同面值进行分类，认真清点整理好所收的费用，并记录账单。

二、仔细观察，学学算盘的具体用法

师：孩子们，你们认识它吗？

师：在古代，计算钱币多少或者清点账目多少的时候会用到算盘，就像现在的计算器一样。算盘是我们国家独有的计算工具。（教师出示算盘，讲解算盘珠子代表的数字。）

师：算盘上面的珠子一颗代表数量 5，下面的珠子一颗代表 1，我们可以用算盘帮助我们记账，非常方便。

三、共享成果，分享收获之后的喜悦

师：那大家来猜一猜我们今天的生意怎么样？

师：你是怎样知道的？

师：账房先生请告诉大家今天的营业额是多少？今天的存取额度是多少？（扮演账房先生的幼儿回答。）

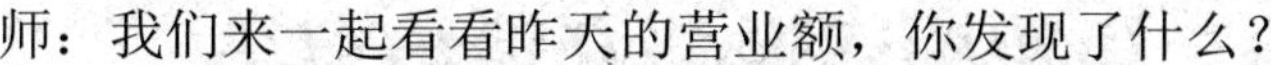

师：我们来一起看看昨天的营业额，你发现了什么？

师：你们对今天的营业额满意吗？

师：通过账房先生记录的账单，我们知道了每次的营业额。只要我们每一位工作人员齐心协力、努力工作，就会有令人满意的收获！

四、轻松谈话，解决游戏中的小问题

师：在活动中我记录了一些小问题，我们一起来看一看。（出示图片。）

师：请问在收银时遇到不是正好的钱怎么办？如果顾客带的钱不够怎么办？

五、思维碰撞，丰富账房先生的知识

师：那么账房先生在没有顾客的时候可以做些什么呢？（幼儿自由回答。）

师：作为一名账房先生，不仅要计算能力强，还要帮助顾客想办法解决困难，真的很让人佩服。如果没有顾客来交钱时，账房先生可以清理收银台、清点钱款等。

六、活动延伸，了解相似的活动职位

师：那你还在哪里遇到过像账房先生一样的工作？

师：对了，在我们的生活中有很多地方都需要像账房先生一样的工作人员，在我们的“榆关古城”里，古城大钱庄就像现在的银行一样。

好，今天的游戏就到这里了。希望下次你们还能愉快地进行游戏！

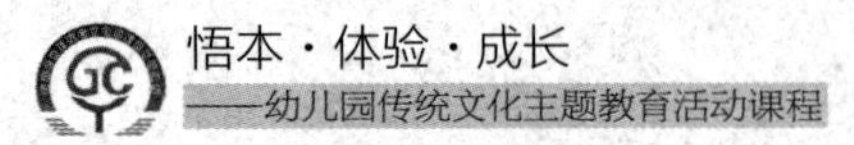

“古城国艺坊”角色扮演游戏交流与分享

游戏内容：

<table>
<tr><td>游戏目标</td><td colspan="2">* 了解国艺吧相关知识与玩法，进行体验
* 自主选择自己喜欢的角色，体验游戏活动带来的乐趣
* 学会与人交往，愿意与同伴合作</td><td>游戏材料</td><td colspan="3">绶带 2 条、茶具、服装、工作证、仿真钱币</td></tr>
<tr><td rowspan="2">角色</td><td colspan="3">职责</td><td colspan="2">费用（元）</td><td rowspan="2">时间（分钟）</td></tr>
<tr><td>小班</td><td>中班</td><td>大班</td><td>收</td><td>支</td></tr>
<tr><td>迎宾员</td><td></td><td>* 面带微笑，使用简单的礼貌用语向客人问好，用清晰完整的语言向客人介绍国艺吧的活动及类型</td><td>* 面带微笑，使用简单的礼貌用语向客人问好
* 用清晰完整的语言向客人介绍国艺吧的活动及类型
* 帮助顾客解答疑问</td><td>1</td><td></td><td>5 ～ 10</td></tr>
<tr><td>接待员</td><td></td><td>* 按照要求将学员引导到指定位置
* 热情主动地为客人提供服务</td><td>* 能够用完整的语言与客人进行交流，为客人提供帮助和服务
* 协助茶艺师做好服务工作</td><td>1</td><td></td><td>5 ～ 10</td></tr>
<tr><td>学员</td><td>* 知道遵守国艺吧的基本规则，保持安静，轻拿轻放，收拾整理</td><td>* 在茶艺师提示下操作，完成茶艺流程
* 知道活动结束后将茶具物归原处</td><td>* 能独立完成茶艺流程
* 活动结束后将茶具物归原处</td><td></td><td>1</td><td>5 ～ 10</td></tr>
</table>

交流分享目标：

（1）认识茶具，了解各种茶具的使用方法。
（2）欣赏茶艺，感受中国传统文化的熏陶。

物品准备：

茶具、茶艺视频。

交流分享过程：

一、清点人数，相互交流

师：看到大家高高兴兴回来的样子，就知道大家很开心。看看你旁边的小伙伴回来了吗，我们来玩一个报数游戏吧。

二、师幼谈话，说说收获

师：现在就和你旁边的小伙伴说一说你今天都去哪里了，应聘了什么职位或者有哪些收获；分享一下你买到了哪些物品、食物。

师：谁来说说今天你都去哪里了？

师：你做了些什么？

师：你挣了多少钱？

师：你打算用这些钱干什么？

小结：我们挣钱虽然辛苦，但却很有意义。看到大家都能合理支配自己的工资，把钱花在有意义的地方，真为你们感到高兴。听了宝贝们刚刚的分享，知道你们有的不仅参加工作去挣钱，还有的体验了小顾客去消费，大家真是热爱工作、懂得生活的人。

三、认识茶具，欣赏茶艺

师：刚刚听到有人去了国艺坊体验茶艺，请给我们分享一下你的收获。

师：你认识了哪些茶具？刚才 ×× 说了这么多，我们一起来看看这些茶具。（教师根据图片逐一介绍茶具及用途。）

茶碗：用来品茶。

茶筒：用来盛放茶道子。

茶则：用来量取茶叶。

茶夹：用来夹洗品饮对杯。

茶拨：用来拨取茶叶。

茶针：用来疏通壶嘴。

茶漏：用来防止茶叶外漏。

紫砂壶：用来泡茶。紫砂壶因其特殊的双气孔结构，能吸收茶香茶色茶味，有“一壶不侍二茶”之说。多用来冲泡红茶、乌龙茶等。

师：说了这么多，那大家知道这些茶具怎样使用吗？

师：怎样用这些茶具来泡茶呢？我们一起来欣赏一段录像。

小结：茶艺可以锻炼我们的动手能力，同时可以培养我们的专注力。

四、知识拓展，说茶文化

师：你们知道茶的故乡在哪儿吗？我们来一起看一段视频吧！

师：谁来说说？

师：中国是茶的故乡，是世界上最早发现茶树并栽培茶树、使用茶叶的国家。

世界上其他地方的饮茶习惯、茶叶种植技术等都源自中国。我们作为中国人，为此感到特别自豪。在以后“榆关古城”之旅中，国艺坊欢迎大家去体验一下哦。

“古城研发室”角色扮演游戏交流与分享

游戏内容：

<table>
<tr><td>游戏目标</td><td colspan="3">* 喜欢动植物，乐于运用多种方法与途径认识不同的动植物
* 对常见事物感兴趣，敢于动手动脑进行探究操作
* 尝试用图画、数字等方法记录自己的发现，并与他人进行分享
* 主动承担一定的任务，依据任务单完成相应的制作
* 爱惜物品，养成轻拿轻放、物归原处的习惯</td><td>游戏材料</td><td colspan="3">* 我爱科学：动植物标本
* 我爱探究：实验盒（电、磁、构建、力学、沙子等实验材料）</td></tr>
<tr><td rowspan="2">角色</td><td colspan="3">职责</td><td colspan="2">费用（元）</td><td rowspan="2">时间（分钟）</td></tr>
<tr><td>小班</td><td>中班</td><td>大班</td><td>收</td><td>支</td></tr>
<tr><td>接待员</td><td>* 有礼貌地向进区游戏者问好
* 有礼貌地欢送游戏者</td><td>* 面带微笑地接待进区游戏者
* 面带微笑地欢送游戏者</td><td>* 热情主动地接待进区游戏者，并会招揽游戏者进区游戏
* 使用礼貌用语欢送游戏者</td><td>1</td><td></td><td>5～10</td></tr>
<tr><td>操作员</td><td>* 了解几种实验材料、工具，喜欢动手摆弄，感知物体的特性
* 对自己操作的结果感兴趣，愿意进行探究尝试
* 知道爱惜物品，轻拿轻放</td><td>* 观察认识不同的科技制作成品，准确说出它们的名称与用途
* 选择自己喜欢的科技制作成品，依据步骤图完成科技制作任务
* 尝试使用工具拆组简单的科技小产品
* 养成轻拿轻放、物归原处的习惯</td><td>* 愿意思考探索问题的答案，有自己实验的愿望
* 对科技产品感兴趣，大胆使用适合的工具进行拆组活动，具有坚持性
* 对自己的探究活动充满自信，有一定的抗挫能力</td><td></td><td></td><td>5～10</td></tr>
<tr><td>观察员</td><td>* 说出几种生物名称，了解生物特征
* 选择自己喜欢的对象进行观察，发现其特征
* 愿与他人交流自己的发现</td><td>* 准确说出几种生物名称，了解生物特征
* 认识所选对象生长变化过程
* 愿意对一定的观察对象进行准确的观察或比较
* 乐于通过图书扩展自己的认知</td><td>* 比较分析生物的外形特征与生活习性，发现它们与生存环境的关系
* 依据问题选择相应图书进行阅读</td><td></td><td></td><td>5～10</td></tr>
<tr><td>管理员</td><td>* 学习发放和收回进区卡
* 巡视操作员、观察员活动</td><td>* 发放和收回进区卡
* 巡视、关注操作员、观察员活动</td><td>* 主动热情地发放和收回进区卡
* 积极巡视，主动关注观察员、操作员活动，解答他们的疑问</td><td>1</td><td></td><td>5～10</td></tr>
</table>

交流分享目标：

（1）积极参加科学活动，感受科学的奥秘。

（2）乐于发现问题，积极思考并尝试解决。

物品准备：

科学实验器材、游戏材料、动物标本等。

交流分享过程：

一、清点人数，相互交流

师：看到大家高高兴兴回来的样子，就知道大家很开心。看看你旁边的小伙伴回来了吗，小组长快来清点人数吧！

师：每组清点的人数都很准确，现在就和你旁边的小伙伴说一说你今天都去哪里了。

二、师幼谈话，交流收获

师：谁来说说你应聘了什么职位或者有哪些收获？

师：看来大家的收获还真不少，谁来说说今天你都去哪里了？

师：你做了些什么？

师：你挣了多少钱？

师：你打算用这些钱干什么？

小结：我们挣钱虽然辛苦，但却很有意义。看到大家都能合理支配自己的工资，把钱花在有意义的地方，真为你们感到高兴。听了宝贝们刚刚的分享，知道你们有的不仅参加工作去挣钱，还有的体验了小顾客去消费，大家真是热爱工作、懂得生活的人。

三、了解研发室管理员的工作。

师：今天 ×× 体验了研发室管理员的工作，请你来说一说管理员是干什么工作的，你都做了什么。

师幼共同回忆管理员的工作内容：

（1）热情迎接顾客。

（2）为体验者发放体验卡。

（3）整理游戏材料，引导体验者把物品放回原位。

（4）打扫研发室卫生。

小结：孩子们，你们都学会怎样当一名管理员了吗？有机会大家一定要去试试哟！

研发室里还有很多奇妙的小实验，大家都可以去体验一下哦。

“古城美香居”角色扮演游戏交流与分享

游戏内容：

游戏目标	* 认识古城美香居的各种食物，品尝不同特色的美食 * 选择自己喜欢的角色，掌握厨师、店小二等工作技巧 * 知道操作前要洗手，养成卫生和饮食好习惯 * 感受不同美食的特点，喜欢各种美食	游戏材料	收银台 1 个、仿真钱币、面板、擀面杖、刀、餐饮服装、电磁炉、锅等餐饮工具、胸卡若干

角色	职责			费用（元）		时间（分钟）
	小班	中班	大班	收	支	
账房先生	* 辨认不同面值的钱币 * 按照不同食物价格收取相应钱币	* 认真清点保管好所收费用，并及时整理 * 练习进行 5 元以内钱币的收取及找零	* 按照收费标准进行收费 * 按照面值分类整理好钱币 * 练习进行 10 元以内钱币的收取及找零	2		5 ～ 10
厨师	* 了解四条包子、荤锅子、冰糖葫芦和花生小豆腐等山海关特色小吃的制作过程，尝试制作简单的美食	* 学习包包子（装荤锅、做糖葫芦），掌握包包子（装荤锅、做糖葫芦）的制作方法 * 尝试为荤锅子进行装锅 * 乐于用半成品进行面点制作	* 正确使用辅助工具揪、团、擀制作包子 * 能有序地为荤锅子装锅 * 掌握花生小豆腐、包子、冰糖葫芦等特色食物的制作方法	1 ～ 2		5 ～ 10
店小二	* 保持进餐区的桌面卫生 * 尝试使用礼貌用语与顾客问好，接过顾客手中的用餐小票，为顾客准备相应美食	* 用礼貌用语与顾客问好，尝试推销美食 * 依据顾客意愿准备美食 * 主动清理餐桌，保持餐桌的卫生	* 热情主动地用连贯语言推销美食 * 依据顾客意愿准备美食 * 主动与顾客沟通，满足顾客需求 * 主动清理餐桌，保持餐桌的卫生，并能友好地提醒顾客注意进餐礼仪	1 ～ 2		5 ～ 10
客官	* 愿意与人交流，按流程进行活动 * 尝试用游戏钱币购买自己喜欢的美食，安静品尝	* 主动与账房先生交流，了解相关美食价格及古城美香居的活动 * 正确使用 5 元以内游戏钱币购买自己喜欢的美食，细细品味	* 主动与收银员交流，了解相关美食价格及传统小吃的活动，能表达自己的意愿 * 正确使用游戏钱币购买自己喜欢的美食，细细品味，餐后能对美食进行评价		12	

交流与分享目标：

（1）了解厨师的工作内容。
（2）知道制作包子所需的用品，掌握包包子的技能。
（3）感受不同美食的特点，喜欢各种美食，养成卫生和饮食好习惯。

物品准备：

制作包子流程图片、各种包子图片、厨师工具照片。

交流与分享过程：

一、相互交流，说说游戏体验感受

1. 幼儿相互交流

师：今天的游戏活动结束了，可以和身边的小伙伴们聊一聊、说一说你今天都去哪里体验了，体验了什么职位或者买到了哪些物品、食物。（幼儿自由交流。）

2. 点名统计人数

师：我们一起来看看小伙伴是否都回到班级了，请小男生起立报数，小女生起立报数。

二、游戏体验，说说厨师工作内容

1. 分享游戏体验感受

师：孩子们，刚刚看到大家聊得很热闹，现在谁来和我们一起分享一下今天你去了哪些地方？做了什么工作？

小结：今天你们的表现可真不错，去过这么多地方，也体验到了这么多的职位，而且都通过劳动赚到了钱。现在我要送给你们每人一个“大拇哥”！

2. 说一说对厨师的了解

师：我刚刚听说体验古城美香居的厨师这个职位的人超级多，我对这个职位也非常好奇，也很想了解一下厨师是干什么的。

师：你身边有从事厨师这个职业的人吗？厨师的工作服是什么样的？

师：为什么头上要戴帽子呢？

师：厨师的工作内容包括哪些？

师：厨师都会用到哪些工具呢？

小结：旧时代人们称厨师为伙夫、厨子、厨役等，是以烹饪为职业、以烹制菜点为主要工作内容的人。现代社会中，多数厨师就职于公开服务的饭馆、饭店等场所。

3. 师幼共同回忆厨师的工作

师：谁来说一说古城美香居的厨师都需要做哪些工作呢？

小结：原来厨师需要穿好工作服，清洗双手，最后才能制作美食，供给客人品尝。

三、经验分享，学习包包子的技能

师：孩子们，厨师会做很多美食，包子就是其中的一种。你们知道包子是怎么包的吗？（个别幼儿分享。）

师：孩子们说得都很好，我们一起看一看、学一学包包子的步骤吧！（观看视频。）

四、活动延伸

师：你们都吃过什么味道的包子？（个别幼儿分享。）

师：原来包子有这么多味道！有豆沙包、菜包，还有我们最喜欢吃的肉包子，期待下次小厨师制作的包子。

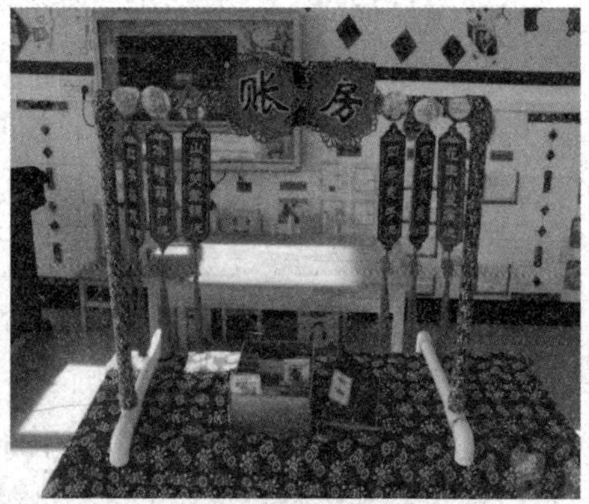

“古城民俗园”角色扮演游戏交流与分享

游戏内容：

<table>
<tr><td>游戏目标</td><td colspan="2">* 了解我国传统民俗文化，感受时代进步、社会发展、人们生活方式的变化
* 体验民俗园中不同的角色，与同伴快乐地进行游戏</td><td>游戏材料</td><td colspan="3">收银台、大屏幕、自制售票处、门票、各种民俗工艺品、自制卖场货架、文化长廊、面、皮影</td></tr>
<tr><td rowspan="2">角色</td><td colspan="3">职责</td><td colspan="2">费用</td><td rowspan="2">时间（分钟）</td></tr>
<tr><td>小班</td><td>中班</td><td>大班</td><td>收</td><td>支</td></tr>
<tr><td>售票员</td><td></td><td>* 辨认不同面值的钱币，认真清点保管好所收费用
* 为顾客将钱币兑换成门票，练习进行 5 元以内钱币的收取与找零</td><td>* 按面值整理好所收费用，学习准确找零</td><td>1</td><td></td><td>5 ～ 10</td></tr>
<tr><td>小导游</td><td></td><td>* 能向游客讲解陈列厅所展示的物品</td><td>* 能用清晰、洪亮的声音，全面地向游客讲解陈列厅所展示的物品</td><td>1</td><td></td><td>5 ～ 10</td></tr>
<tr><td>管理员</td><td></td><td>* 引导游客坐到位子上观看民俗纪录片，正确使用礼貌用语及手势</td><td></td><td>1</td><td></td><td>5 ～ 10</td></tr>
<tr><td>售货员</td><td></td><td>* 有礼貌地清晰地向顾客介绍民俗工艺品名称及价格</td><td>* 主动与顾客交流，正确使用礼貌用语，向顾客介绍各种民俗工艺品名称及价格</td><td>1</td><td></td><td>5 ～ 10</td></tr>
<tr><td>理货员</td><td>* 学习把两种货物按照图片对应的方法摆放到相应的位置</td><td>* 学习把三种货物按照图片对应的方法摆放到相应的位置，并摆整齐</td><td>* 将四种或四种以上物品，按照图片对应的方法摆放到相应的位置摆放整齐，并注重造型优美</td><td>1</td><td></td><td>5 ～ 10</td></tr>
<tr><td>皮影手艺人</td><td></td><td></td><td>* 结合传统故事《西游记》进行皮影表演</td><td>1</td><td></td><td>5 ～ 10</td></tr>
<tr><td>面塑手艺人</td><td>* 按照要求用面捏出简单造型</td><td>* 按照要求用面捏出人物造型</td><td>* 根据自己的喜好，选择面团，通过捏、搓、揉、点、刻、画等方法，塑造出不同的造型</td><td>1</td><td></td><td>5 ～ 10</td></tr>
<tr><td>制扇手艺人</td><td>* 模仿学习，制作简单的扇子</td><td>* 参照范例、步骤图，制作自己喜欢的扇子</td><td>* 参照范例、步骤图，制作各种漂亮的扇子</td><td>1</td><td></td><td>5 ～ 10</td></tr>
<tr><td>游客</td><td colspan="3">* 保持安静，喜欢观看我国传统民俗文化；* 观察陈列厅中的民俗物品，了解它们的发展演变，感受人们生活的变化与时代的进步；* 亲自体验，和手艺人一起进行皮影表演，感受皮影戏的奥妙；* 用面捏出各种造型，形态逼真；* 参照范例、步骤图，制作各种漂亮的扇子；* 参观文化长廊，根据自己喜好购买民俗物品</td><td></td><td>1</td><td></td></tr>
</table>

交流分享目标：

（1）了解售票员的工作内容。

（2）体验为顾客服务后的乐趣。

物品准备：

钱、民俗馆门票、售票架。

交流分享过程：

一、统计人数，幼儿相互交流

师：孩子们和身边的小伙伴们聊一聊、说一说你今天都去哪里工作了，你都应聘了什么职位或者你有哪些收获，买到了哪些物品、食物。（幼儿自由交流。）

二、师幼问答，说说你扮演了谁

1. 师幼互动

师：今天你是谁？（边拍手边问。）

幼：今天我是××。（边拍手边回答。）

2. 个幼分享

师：现在谁来和我们一起分享一下，今天你去了哪些地方？做了什么工作？

师：看来今天大家不仅玩得开心，而且还收获不少，去过这么多地方，也体验到了这么多的角色、职位，我也替你们感到高兴！

三、个别介绍，了解工作流程

师：孩子们，我刚刚听说有人体验了民俗园的售票员这个职位，我对这个职位也很感兴趣，很想了解一下他们是怎样做工作的，谁能说一下呢？

师幼共同回忆售票员的工作流程：

（1）首先热情地迎接游客（欢迎光临古城民俗园）。

（2）向顾客介绍门票的价格。

（3）收到钱后把门票递给顾客。（双手递。）

（4）游戏结束后让顾客把门票交给检票员。

小结：孩子们，你们都学会怎样当一名售票员了吗？售票员的工作看似很容易，但要想做好也不简单呢，有机会大家一定要去试试哟！

四、观看视频，提升幼儿经验

师：孩子们，如果你是一名售票员，买票的顾客很多，秩序很乱，导致你无法售票，你会怎么办呢？

师：我们来看一看视频里的工作人员是怎么面对这样的问题的。

小结：我们在生活中随处都会遇到要排队的地方，比如超市，我们一定要遵守秩序，有序排队不插队，做个讲文明的好孩子。

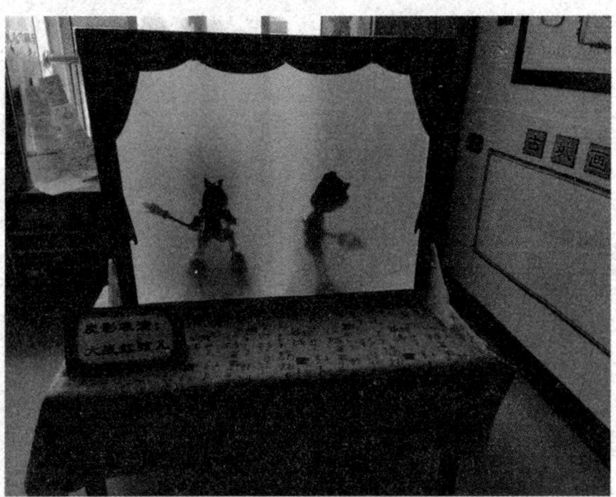

“古城墨香阁”角色扮演游戏交流与分享

游戏内容：

游戏目标	* 了解墨香阁相关知识与玩法，进行体验 * 自主选择自己喜欢的角色，体验游戏活动带来的乐趣 * 学会与人交往，愿意表达自己的想法，向别人介绍自己的作品	游戏材料	墨汁、墨盘、不同粗细的小棍、宣纸、毛笔、毡垫、毛笔字帖、水写布

<table>
<tr><th rowspan="2">角色</th><th colspan="3">职责</th><th colspan="2">费用（元）</th><th rowspan="2">时间（分钟）</th></tr>
<tr><th>小班</th><th>中班</th><th>大班</th><th>收</th><th>支</th></tr>
<tr><td>迎宾员</td><td></td><td>* 面带微笑，使用简单的礼貌用语向客人问好
* 用清晰完整的语言向客人介绍墨香阁的活动及类型</td><td>* 面带微笑，使用简单的礼貌用语向客人问好
* 用清晰完整的语言向客人介墨香阁的活动及类型
* 帮助顾客解答疑问</td><td>1</td><td></td><td>5～10</td></tr>
<tr><td>接待员</td><td></td><td>* 按照要求将学员引导到指定位置
* 热情主动地为客人提供服务</td><td>* 能够用完整的语言与客人进行交流，为客人提供帮助和服务</td><td>1</td><td></td><td>5～10</td></tr>
<tr><td>学员</td><td>* 知道遵守墨香阁的基本规则，保持安静，轻拿轻放，收拾整理</td><td>* 在提示下操作，完成水墨画流程
* 尝试用毛笔在水写布上涂鸦
* 知道活动结束后物归原处，清理墨盘</td><td>* 能独立完成水墨画流程
* 能用正确的握笔姿势独立用毛笔在水写布上进行简单的临摹或进行涂鸦练习
* 活动结束后物归原处，清理墨盘</td><td>1</td><td></td><td>5～10</td></tr>
</table>

交流分享目标：

（1）了解水墨画玩法，积极进行体验。

（2）感受创作的乐趣，愿意向别人介绍自己的作品。

物品准备：

墨汁、墨盘、不同粗细的小棍、宣纸、毛笔、毡垫、毛笔字帖、水写布。

交流分享过程：

一、稳定情绪，清点人数

师：宝贝们，看到你们脸上的笑容就知道今天在“榆关古城”玩得一定很开心，我们今天的“榆关古城”之旅结束了，看看小伙伴们都回来了吗，咱们来玩个报数的游戏吧！

二、相互交流，分享乐趣

师：今天你们都去哪儿玩啦？应聘了什么工作呢？快和说小伙伴说一说吧。

（三位老师与幼儿共同交流。）

三、师幼谈话，经验交流

师：看来大家玩得都非常开心，谁到前面来分享一下？

师：谁还想分享？你应聘了什么工作？是怎样做的？

师：谁还去了“榆关古城”的其他地方？

四、继续追问，知识扩展

师：墨香阁是个很有趣的地方吗？你去那里做了些什么？

师：去墨香阁做体验员，尝试创作水墨画了吗？

师：水墨画可真神奇。你能给大家具体介绍一下吗？

五、个幼演示，理清流程

师：听了 ×× 介绍，你们是不是也很想去体验创作水墨画呀？

师：接下来让我们观看视频了解创作水墨画的具体流程吧。

（1）将少许水放在圆形小盘之中，水不宜过满。

（2）选择合适的滴管放入墨盒中吸一点墨。

（3）慢慢挤压滴管，将墨滴入水中。

（4）选择粗细不同的小棒、棉签等工具，用挑、划、搅等动作，使水中墨随之变化。

（5）把宣纸放入水中，将水墨晕染的美图保存下来。

（6）双手将放入水中的宣纸迅速提出，晾干即可。

师：以上就是创作水墨画的最基本操作步骤，一幅完美的水墨画就这样做好了。

六、活动延伸，鼓励体验

师：我们都了解了水墨画的创作方法，也希望更多的宝贝们去墨香阁体验。大家回家后可以和爸爸妈妈一起收集有关水墨画的相关知识，回来分享给小伙伴们。今天的“榆关古城”活动就要结束了，期待大家下次到更多有趣的地方去体验。

“古城香酥斋”角色扮演游戏交流与分享

游戏内容：

<table>
<tr><td>游戏目标</td><td colspan="2">* 了解香酥坊的不同工作岗位及岗位职责
* 主动扮演自己喜欢的角色，掌握制作、销售等技巧
* 喜欢参加游戏，能按照活动流程参与游戏
* 能礼貌待人，愿意与同伴交往、合作，不妨碍别人游戏</td><td>游戏材料</td><td colspan="3">仿真钱币、古典服装、锤子、圆木板、烤箱、月饼模具、展示架、面团、电磁炉、锅、面、油、牛皮纸、纸绳等</td></tr>
<tr><td rowspan="2">角色</td><td colspan="3">职责</td><td colspan="2">费用（元）</td><td rowspan="2">时间（分钟）</td></tr>
<tr><td>小班</td><td>中班</td><td>大班</td><td>收</td><td>支</td></tr>
<tr><td>老板</td><td></td><td>* 面带微笑使用简单礼貌用语，向客人问好，能按照糕点数量收取钱币</td><td>* 能热情主动地接待客人，使用清晰完整的语言与客人交流，能按照糕点数量收取钱币，并热情送客</td><td>1</td><td></td><td>5 ～ 10</td></tr>
<tr><td>伙计</td><td>* 能主动与顾客问好，并尝试向顾客推荐各种糕点</td><td>* 面带微笑，热情向顾客介绍花生糕、绿豆糕、月饼等食品，且根据客人需要将糕点帮顾客放到餐盘内</td><td>* 能主动热情地接待客人，并用清晰完整的语言与客人交流，询问客人的喜好，向客人推荐麻花、花生糕、月饼等食物，且根据客人需要将糕点帮顾客放到餐盘内</td><td>1</td><td></td><td>5 ～ 10</td></tr>
<tr><td>面点师</td><td>* 尝试根据步骤图，制作简单的花生糕、麻花、月饼</td><td>* 选择喜欢的花生糕、麻花、月饼，按照步骤图进行制作</td><td>* 揉好面团，再选择喜欢的花生糕、麻花、月饼模具进行制作，并将做好的麻花、月饼放入烤盘</td><td>1</td><td></td><td>5 ～ 10</td></tr>
<tr><td>杂工</td><td>* 能将各种干果剥皮，并装入相应的盒子里，并收拾好桌面、地上的垃圾</td><td>* 将各种干果剥皮，装入相应的盒子里；把剥好的干果凿碎，待制作糕点用，并能收拾好桌面、地上的垃圾</td><td>* 主动与客人交流，用连贯的语言询问顾客的需要，向客人介绍糕点，收拾好桌面、地上的垃圾</td><td>1</td><td></td><td>5 ～ 10</td></tr>
<tr><td>包装师</td><td>* 将制作好的“糕点”用包装袋进行打包，并且将打包好的产品交到顾客手中</td><td>* 将制作好的“糕点”用包装袋进行打包，并且将打包好的产品交到顾客手中</td><td>* 尝试将做好的糕点用牛皮纸和纸绳进行打包，并且将打包好的产品交到顾客手中</td><td>1</td><td></td><td>5 ～ 10</td></tr>
<tr><td>顾客</td><td>* 尝试用钱币购买喜欢的糕点</td><td>* 主动与销售员交流，尝试使用钱币购买喜欢的糕点</td><td>* 积极与香酥斋的工作人员交流，主动表达自己的想法，能正确使用钱币购买喜欢的糕点</td><td></td><td>1</td><td></td></tr>
</table>

交流分享目标：

（1）了解自己的职责任务，感受认真工作的快乐。

（2）尝试理解什么是责任心。

（3）知道怎样做才是一位有责任心的人。

物品准备：

角色游戏 PPT、图片。

交流分享过程：

一、清点人数，相互交流

1. 组织幼儿，清点人数

师：看到大家高高兴兴回来的样子，就知道大家很开心。现在就和你旁边的小伙伴说一说在“榆关古城”里，今天你是谁，做了哪些工作。

2. 师幼谈话，相互交流

师：谁来说说今天你是谁？

师：你做了些什么？

师：你挣了多少钱？

师：你打算用这些钱干什么？

3. 鼓励幼儿，自愿分享

小结：大家都知道自己挣钱很不容易，都能做到正确支配自己的工资，把钱花在有意义的地方。听了大家的分享，我知道大家不仅参加了工作，而且还是小顾客。大家真是热爱工作又懂得生活的人。你们也是有责任心的好员工。

二、了解职责，理解什么是责任心

师：谁来说说你扮演了什么角色？是怎样做的？

师：在工作中你都说了些什么？

师：你遇到了什么困难或问题吗？是怎样解决的呢？

师：×× 今天在香酥斋做伙计，我们让 ×× 来分享一下他今天的经历吧！

师：你真是一位负责任的伙计。

小结：当客人来了之后，伙计要有礼貌地迎接，主动给顾客介绍所卖的糕点种类和特点，按照顾客的喜好和需求进行推荐并明确告知价格。看来今天的这位伙计服务很周到，销售语言也很丰富，真是一位优秀的好员工。

师：没有顾客的时候你会干什么？

师：你真是一位热爱自己工作的伙计。在没有客人的时候你还可以整理货架上摆放的糕点，哪个盒子里的糕点少了可以进行填充。还可以自己练习销售语言，锻炼自己的销售技巧。其实，不管是在工作中，还是在生活中，每一个人都应该像这位伙计一样认真地完成自己应该做的事情。从身边小事做起，成为一名对自己负责，对他人负责，对工作、社会负责的人。不管我们在哪里，只要我们认真地听一听、看一看，就会发现我们身边有很多负责的人。当然，我们也有可能会看到一些对他人不友好、不认真、不负责的人，我们要及时、大胆、有礼貌地指出来，向他提出我们的建议，希望他和我们一起进步，做一个有责任心的人。这是一种美德，更是我们每个中国人的责任。

三、收集资料，拓展知识

师：孩子们，回家后问一问自己的爸爸妈妈，听一听他们在上班时是怎样工作的。

比一比哪一位宝爸或宝妈是最富有责任心的人，是我们学习的榜样。在下次的活动中我们再把自己知道的和大家一起分享吧。

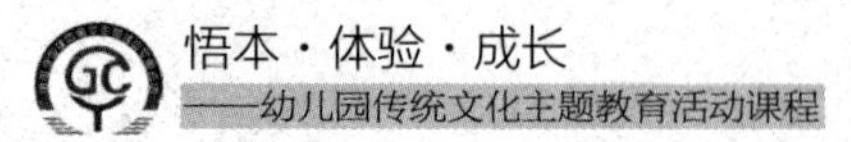

“古城小市集”角色扮演游戏交流与分享

游戏内容：

<table>
<tr><td>游戏目标</td><td colspan="2">* 知道市集是买卖物品的地方
* 尝试体验交易和买卖过程，培养交流和应变能力
* 在购买时，遵守游戏规则，耐心排队等待
* 乐于与同伴分享交流带给自己的美好感受</td><td>游戏材料</td><td colspan="3">桌子、摊位桌布、服装、面具、工艺品、投壶、射箭、变戏法道具、玩法图等</td></tr>
<tr><td rowspan="2">角色</td><td colspan="3">职责</td><td colspan="2">费用（元）</td><td rowspan="2">时间（分钟）</td></tr>
<tr><td>小班</td><td>中班</td><td>大班</td><td>收</td><td>支</td></tr>
<tr><td>市令官</td><td>* 热情与顾客打招呼，会使用礼貌用语出租摊位，维护市场秩序</td><td>* 热情地与顾客打招呼，会使用礼貌用语，出租摊位，收取费用</td><td>* 热情招待客人：“您好！您需要摊位吗？”
* 出租摊位，收取费用，积极维护市场秩序</td><td>1 ～ 2</td><td></td><td>12 ～ 15</td></tr>
<tr><td>掌柜</td><td>* 了解游戏玩法和安全注意事项
* 注意安全使用工具，游戏后将物品收拾好</td><td>* 面带微笑组织游戏，了解游戏玩法和安全注意事项，收取相应费用
* 认真清点保管好所用物品，游戏后将物品收拾好</td><td>* 面带微笑组织游戏，了解游戏玩法和安全注意事项，收取相应费用
* 认真清点保管好所用物品，游戏后将物品收拾好</td><td>1 ～ 2</td><td></td><td>10 ～ 15</td></tr>
<tr><td>戏法师</td><td></td><td>* 观看变戏法流程，能使用道具变简单戏法</td><td>* 观看变戏法流程，选择合适材料，表演戏法</td><td>1 ～ 2</td><td></td><td>10 ～ 15</td></tr>
<tr><td>售货郎</td><td>* 打鼓、吆喝招揽顾客，简单介绍售卖物品</td><td>* 打鼓、吆喝招揽顾客，售卖物品，收取费用</td><td>* 热情地打鼓、吆喝招揽顾客，详细介绍所售卖物品，收取相应费用</td><td>1 ～ 2</td><td></td><td>10 ～ 15</td></tr>
<tr><td>顾客</td><td>* 学习排队等待，尝试使用游戏钱币，购买自己喜欢的物品</td><td>* 使用游戏钱币，购买自己喜欢的物品
* 能主动与售货郎交流，购买物品，注意购买秩序</td><td>* 使用 5 元以内的游戏钱币购买自己喜欢的物品
* 知道要排队购买，不大声喧哗，知道谦让弟弟妹妹</td><td></td><td>1 ～ 5</td><td></td></tr>
<tr><td>店小二</td><td>* 热情接待顾客，回收物品，给予相应金额</td><td>* 热情接待顾客，会使用礼貌用语，回收物品，给予相应金额</td><td>* 热情接待顾客：“您好！您需要当东西吗？”回收物品，给予相应金额</td><td></td><td>1 ～ 2</td><td>10 ～ 15</td></tr>
<tr><td>摊位店主</td><td colspan="3">* 售卖自己所带物品，收取相应费用</td><td>1</td><td></td><td>10 ～ 15</td></tr>
</table>

交流分享目标：

（1）了解售货郎的工作职责及任务。

（2）用较完整的语言向小顾客介绍货品和价格。

（3）感受工作的快乐。

物品准备：

PPT、售货架、拨浪鼓、价签、钱。

交流分享过程：

一、稳定情绪，用游戏方式清点人数

师：宝贝们，我们今天的“榆关古城”之旅已经结束了，看看小伙伴们都回来了吗，咱们来玩个数一数的游戏吧。

师：宝贝们棒棒哒，听到结束的音乐都能快速回来，给你们点赞！

二、相互交流，分享角色游戏的乐趣

师：我看到宝贝们脸上的笑容特别开心，有的宝贝小包里也鼓鼓的，大家一定收获满满，快和身边的小伙伴们分享一下吧。

三、师幼谈话，加深对角色游戏的印象

师：看来大家玩得都非常开心，谁到前面来分享一下？今天你都去哪儿玩啦？应聘了什么工作呢？是怎样做的？

师：你去了哪里？挣钱了还是花钱了？都买了或吃了些什么？

师：宝贝们在今天的游戏中不但收获了快乐，还买到了喜欢的物品，吃到了好吃的食物，我真替你们开心。

四、个别分析，进行知识的巩固扩展

师：今天咱们古城小市集有一位小员工被评为了“优秀员工”，接下来咱们就请他来介绍一下他所做的工作吧。

小结：很多班级的角色游戏都有售货郎，他们用礼貌用语向小顾客介绍，而且非常热情。

五、个幼演示，引导幼儿经验的提升

师：如果你想应聘古城小市集售货郎的工作，应该怎样做呢？

（1）要先观看工作手册，了解工作内容。

（2）到老板处应聘售货郎工作。

（3）穿好相应工作服装，热情地的向顾客推荐货架上的货物，并介绍货物价格。

师：要做好售货郎的工作要注意什么？说什么样的话呢？

小结：我们不但要热情地接待客人，而且要积极主动、耐心细致地向顾客推荐货品，告知相应的价格。希望你们也可以来尝试这份工作，努力被评为“优秀员工”。

六、记录薪金，懂得正确支配工资

师：你今天挣了多少钱？一共有多少钱？你想用这些钱去做什么呢？

小结：钱是辛辛苦苦挣回来的，非常不容易，所以我们要懂得节约，正确支配工资，把钱花到有意义的地方去，做个不乱花钱懂事的好孩子。

七、活动延伸，体验现实的角色内容

师：大家都了解了咱们小市集中售货郎的工作内容和做法了吗？回家后可以把你今天的收获告诉爸爸妈妈，让他们带着你去看看生活中真正的售货郎是怎样做的，回来分享给小伙伴们。

师：那今天的“榆关古城”之旅就愉快地结束了，期待下次更有趣的体验吧。

“古城养生轩”角色扮演游戏交流与分享

游戏内容：

游戏目标	游戏材料
* 认识养生轩的设施与角色，知道养生轩是人们养颜养生的地方 * 主动扮演自己喜欢的角色，掌握推拿、按摩、美容等技巧 * 乐于进行养生活动，大胆创意各种养生舞蹈 * 喜欢参加推拿、美容游戏，按照推拿、美容活动流程参与游戏 * 学会与人交往，愿意与同伴合作	* 员工手册、工作牌、工作服、推拿图册、美容图册、消费小票、推拿美容步骤图、养心操视频、养心操音乐 * 推拿用具：头部按摩器、颈部按摩器、经络拍打按摩棒、足浴桶、足疗器 * 美容用具：小床、小镜子、美容刷、面膜、蒸脸机、护肤液

角色	职责			费用（元）		时间（分钟）
	小班	中班	大班	收	支	
接待员	* 面带微笑，主动地接待客人	* 热情主动地接待客人，使用清晰完整的语言向客人介绍本店美容美发流程	* 主动与客人交流，用连贯的语言介绍本店内容，解答顾客疑问，依据美发美容画册，介绍美容美发样式	1		5 ~ 10
收银员	* 辨认不同面值的钱币	* 认真清点保管好所收费用 * 准备进行 5 元以内钱币的收取及找零	* 能够按照消费单内容进行统计收费 * 按照面值整理好所有费用，练习进行 10 元以内钱币的收取及找零	1		5 ~ 10
推拿师	* 面带微笑，使用简单的礼貌用语向客人问好，协助大班幼儿做好助手	* 面带微笑，学习推拿按摩的方法并为客人推拿，学会整理推拿物品	* 面带微笑，用正确的礼仪姿势主动向客人有礼貌地问好，能够熟练按照推拿按摩方法为客人推拿按摩并将推拿物品收拾干净	1		5 ~ 10
养心师	* 能够完成简单的养心操动作，协助大班幼儿做好助手	* 组织顾客进行活动，能够按照养心操视频指导顾客完成养心操内容	* 主动与顾客交流，按照顾客需求，选择不同的养生操，熟练地完成养心操内容	1		5 ~ 10
美容师	* 能够与中大班幼儿合作，完成简单的美容工作	* 尝试与顾客交流，按照美容流程图进行美容工作并学会整理美容物品	* 主动与顾客交流，按照顾客需求，选择美容方式，完成美容工作，将洗发物品收拾干净整齐	1		5 ~ 10
泡茶师	* 能够与中大班幼儿合作，完成简单的泡茶、端茶工作	* 按照泡茶的方法尝试进行泡茶，能够为顾客服务并学会整理泡茶工具	* 能够熟练地按照泡茶的方法进行泡茶，主动为顾客服务并将泡茶工具收拾干净整齐	1		5 ~ 10
顾客	* 尝试与人交流，按照流程参与活动 * 愿意配合工作人员完成理发造型	* 主动与接待员交流，了解美发流程 * 自主选择造型，配合美发美容师完成所选内容	* 积极与工作人员交流，并主动表达自己的想法 * 自主选择，配合美发美容师完成所选内容		1	

交流分享目标：

（1）明确美容师的工作职责。
（2）了解美容的过程，学习美容的技能。
（3）愿意做美容师，体验为他人服务的快乐。

物品准备：

美容视频、面膜。

交流分享过程：

一、相互交流，统计班级回来人数

1. 幼儿自由交流

师：孩子们，游戏结束了。现在请你和小伙伴说一说今天游戏中你遇到了什么新鲜的事情，你有什么新的收获和新的发现。（幼儿自由分享，教师倾听。）

2. 统计班级人数

师：现在我们班级的小伙伴是否都回到了班级？我们一起统计一下吧！（报数统计班级人数。）

二、轻松谈话，知道美容所用工具

师：愉快的“榆关古城”之旅结束了，可以看得出来，今天大家玩得都很开心。谁来说一说今天你为什么开心？

师：原来，买到自己喜欢的东西、吃到好吃的东西、给大家表演节目、做自己喜欢的工作都是开心的事情。令我们开心的事情还有很多，我们的小美容师说为别人美容也是件开心的事情。那请我们的小美容师说一说你为什么开心。

师：原来帮助别人变得更漂亮也是件开心的事情。小美容师，请你向大家介绍一下，你可以为大家做什么呢？（幼儿回答自己的工作任务。）

师：美容需要很多工具，我们随着小美容师的介绍一起了解一下它们的名称和用途吧！（结合 PPT 加以介绍讲解。）

三、模仿练习，了解美容基本过程

师：孩子们，我刚刚听说有人体验了咱们古城养生轩“美容师”这个职位，我对这个职位也很感兴趣，也很想了解一下他们是怎样工作的，谁能说一下呢？

结合 PPT，师幼共同回忆“美容师”的工作流程：

（1）首先穿好工作服，热情地迎接顾客（顾客您好，请您躺好，现在为您美容）。

（2）询问顾客需求。

（3）根据顾客需求进行美容。

小结：孩子们，你们都学会怎样当一名美容师了吗？美容师可以把每位顾客都变漂亮，欢迎大家来养生轩做一名小美容师！

四、提升经验，解决游戏存在问题

师：孩子们，看完美容师的美容过程，你觉得哪一步最难？

师：看来大家觉得压缩面膜的使用最难，那让我们一起来学习一下吧！

师：美容师在没有顾客的时候可以做些什么呢？

小结：看来做一名美容师也是件不容易的事情，不仅要知道美容面膜的种类，还要掌握美容的步骤和手法，不过我相信大家一定都能成为一名出色的美容师。

五、做下计划，为今后活动打下基础

师：孩子们，下次的“榆关古城”之旅你们想去哪里？体验什么工作呢？和你身边的小伙伴一起说一说吧！

小结：让我们共同期待下次的“榆关古城”之旅吧。

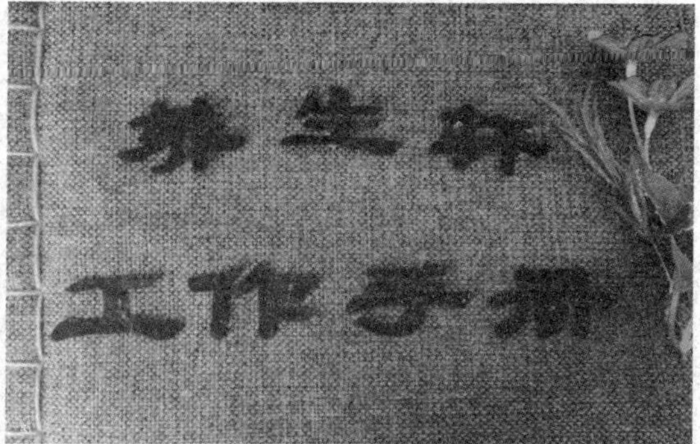

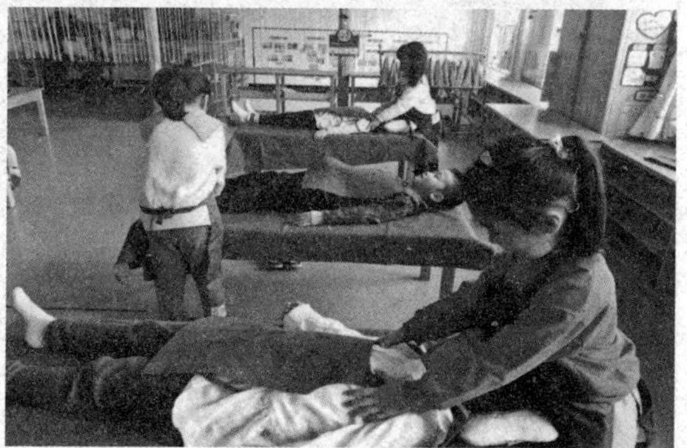

“古城照相馆”角色扮演游戏交流与分享

游戏内容：

<table>
<tr><td>游戏目标</td><td colspan="2">* 喜欢照相、摄影，能主动参加游戏，明确自己在游戏中扮演的角色
* 按照活动流程参与游戏，能学着坚守岗位
* 主动扮演自己喜欢的角色，掌握化妆、服饰搭配、照相等技巧
* 体验摄影师、化妆师以及顾客的感受，角色间能积极交流
* 能礼貌待人，愿意与同伴交往、合作，不妨碍别人游戏</td><td>游戏材料</td><td colspan="3">* 化妆用品：化妆台、化妆品空罐子、化妆工具、各种头饰、梳子等
* 照相用品：手机或照相机、灯光用具、照相背景
* 服装道具：不同风格的服装、扇子、帽子等
* 其他：工作手册、收银台、相框材料、相册、摆台、摄影杂志、电脑、一次性水杯</td></tr>
<tr><td rowspan="2">角色</td><td colspan="3">职责</td><td colspan="2">费用（元）</td><td rowspan="2">时间（分钟）</td></tr>
<tr><td>小班</td><td>中班</td><td>大班</td><td>收</td><td>支</td></tr>
<tr><td>接待员</td><td></td><td></td><td>* 主动与客人交流，用连贯的语言介绍本店摄影套系及价钱；将拍摄卡记录清楚</td><td>1</td><td></td><td>5 ~ 10</td></tr>
<tr><td>收银员</td><td></td><td>* 认真清点保管好所收费用；练习进行 5 元以内钱币的收取及找零</td><td>* 能够按照消费单进行收费；按照面值整理好所有费用；练习进行 10 元以内钱币的收取及找零</td><td>1</td><td></td><td>5 ~ 10</td></tr>
<tr><td>化妆师</td><td>* 认识简单的化妆品及工具，并学习、观看化妆步骤</td><td>* 了解化妆的基本步骤，为顾客画简单的妆容及造型</td><td>* 知道化妆的正确方法，给顾客画适宜的妆容及造型</td><td>1</td><td></td><td>5 ~ 10</td></tr>
<tr><td>服装师</td><td>* 学习整理衣服</td><td>* 为顾客挑选服装，辅助顾客穿戴</td><td>* 依据顾客的要求帮助顾客穿搭衣服，并整理衣服</td><td>1</td><td></td><td>5 ~ 10</td></tr>
<tr><td>摄影师</td><td>* 认识相机，并尝试使用相机给物体拍照</td><td>* 正确使用相机为顾客拍照，并尝试帮助顾客设计造型</td><td>* 主动与客人交流，为顾客拍摄满意的照片</td><td>1</td><td></td><td>5 ~ 10</td></tr>
<tr><td>摄影助理</td><td>* 愿意协助摄影师，完成拍照工作</td><td>* 主动与摄影师合作，尝试使用不同道具进行拍照</td><td>* 正确使用拍照道具，协助摄影师完成拍摄任务；依据不同造型选择相应背景</td><td>1</td><td></td><td>5 ~ 10</td></tr>
<tr><td>经理助理</td><td></td><td>* 辅助经理做简单工作，整理店内桌椅</td><td>* 辅助经理指导顾客有序等待，并指引顾客进行下一步</td><td>1</td><td></td><td>5 ~ 10</td></tr>
<tr><td>顾客</td><td>* 尝试与人交流，按流程进行活动
* 愿意配合工作人员完成摄影</td><td>* 主动与接待员交流，了解摄影流程
* 自主选择造型，配合摄影师完成摄影过程</td><td>* 积极与照相馆人员交流，主动表达自己的想法
* 自选服饰进行穿戴，拍完后物归原处，在摄影活动中感受艺术美</td><td></td><td>1</td><td></td></tr>
</table>

交流分享目标：

（1）了解照相馆接待员的职责任务。
（2）用较完整的语言向小顾客介绍拍摄内容和价格。
（3）感受帮助顾客后的成就感。

物品准备：

拍摄系列展板、相框、价格板、幼儿接待视频、角色游戏 PPT、腰麦。

交流分享过程：

一、稳定情绪，清点人数

师：宝贝们，我们今天的“榆关古城”之旅就要结束了，看看小伙伴们都回来了吗？咱们来玩个报数的游戏吧！

师：小男生报数，小女生报数。大家报得都很准确。

二、相互交流，分享乐趣

师：今天，你们都去哪儿玩啦？应聘了什么工作呢？快和小伙伴说一说吧！

三、师幼谈话，经验交流

师：看到你们脸上的笑容就知道你们在“榆关古城”里玩得一定很开心，谁到前面来分享一下？你去哪儿玩啦？应聘了什么工作？挣了多少钱？

师：你去哪里玩啦？是自己还是带着弟弟妹妹？你应聘了什么工作？

师：谁还想分享？你应聘了什么工作？是怎样做的？

四、继续追问，知识扩展

师：还有谁也应聘的是接待员的工作？你是怎样做的？

师：要做好接待员的工作要注意什么？说什么样的话呢？

小结：很多种游戏中都有接待员，他们会热情地用礼貌用语向小顾客介绍产品。

五、个幼演示，引导提升

师：咱们古城照相馆也有接待员的工作，应该怎样做呢？

师：通过观看视频我们了解到做接待员的流程：

（1）要先观看工作手册，了解工作内容。

（2）到经理处应聘接待员工作，戴好工作牌。

（3）热情地向顾客介绍拍摄系列，并填好拍摄卡。

小结：×× 不但热情地接待客人，而且询问客人的需求，并耐心细致地给客人介绍各种拍摄系列和价格，表现很好。咱们给她鼓励鼓励。她被评为了“优秀员工”，所以发给她2元钱的奖金，希望你们都能认真工作。

六、记录薪金，懂得节约

师：你今天挣了多少钱？一共有多少钱？你想用这些钱去做什么呢？

小结：钱是辛辛苦苦挣回来的，非常不容易，所以我们要懂得节约，正确支配工资，把钱花到有意义的地方去，做个不乱花钱懂事的好孩子。

七、活动延伸，现实体验

师：我们都了解了咱们照相馆的接待员的工作内容和做法，在平时生活中还有哪里有接待员呢？他们都是怎么做的呢？回家后可以和爸爸妈妈一起去了解一下，回来分享给小伙伴们。

师：那今天的“榆关古城”之旅就要结束了，期待下次更有趣的体验吧！

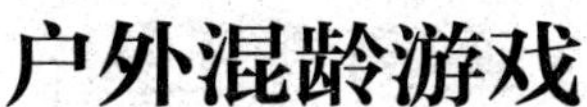

户外混龄游戏

取经上路

活动总目标：

（1）依据步骤图，练习挑担的方法。
（2）沿路线负重行走，锻炼肩部力量，发展平衡协调能力。
（3）积极参与游戏，坚持完成任务。

小班活动目标：

能负重 0.5 千克左右在路面上行走至终点。

中班活动目标：

能负重 1 千克左右在路面上行走至终点。

大班活动目标：

能负重 1.5 千克左右沿路线平衡协调地行走至终点。

活动准备：

自制扁担 6 个、不同重量的水桶若干。

活动玩法：

依据步骤图，熟练地沿着路线，挑着不同重量的担子行走。

趣搭沙王国

活动总目标：

（1）运用各种工具，采用铲、搬、推、垒、挖、埋等动作玩沙。

（2）充分体验玩沙的乐趣。

小班活动目标：

学习正确使用工具，体验玩沙的快乐。

中班活动目标：

感知发现沙子的特性是松散的、细细的、流动的。

大班活动目标：

依照自己的意愿和想法去构思和建造，发展创造力与动手能力。

活动准备：

唐僧、孙悟空、猪八戒、沙和尚头饰，铲子、沙漏、小推车等玩沙工具。

活动玩法：

幼儿领取头饰和玩沙工具，扮演西游记中的人物，发挥想象去构思和建造，并运用各种工具和铲、搬、推、垒、挖、埋等动作，进行玩沙游戏。

强渡流沙河

活动总目标：

（1）练习过荡桥的技巧，发展平衡能力，锻炼腿部肌肉的力量。
（2）尝试走凹凸不平的“石头”，发展平衡能力，锻炼腿部肌肉力量。
（3）遵守游戏规则，体验体育游戏带来的乐趣。

小班活动目标：

尝试走凹凸不平、大小不同的“石头”过河。

中班活动目标：

尝试走石头过河或者从荡桥上通过。

大班活动目标：

能够从荡桥上轻松通过。

活动准备：

高低不同的木质荡桥、大小不同的“石头”模型。

活动玩法：

从起点出发，幼儿根据自己能力的不同自由选择一条路线走过石头，到达终点。

穿越黑风阵

活动总目标：

（1）练习用不同的方法躲过障碍物，发展动作的协调能力。

（2）练习在走、跑过程中进行躲闪，锻炼身体的灵活性。

（3）体验参与游戏的乐趣。

小班活动目标：

尝试躲避障碍勇敢向前跑。

中班活动目标：

在跑动过程中知道躲避障碍物并快速通过。

大班活动目标：

能在快速跑动过程中灵活躲避障碍物并迅速通过。

活动准备：

垂吊的障碍物、“黑风怪”装扮。

活动玩法：

从起点出发，能躲过“黑风怪”制造的困难，跑到终点。

勇闯火焰山

活动总目标：

（1）练习攀爬的技巧，发展攀爬能力，锻炼腿部、手臂肌肉的力量。

（2）遵守游戏规则，体验体育游戏带来的乐趣。

小班活动目标：

能尝试攀登滑梯，用下滑的方式通过关卡。

中班活动目标：

练习手脚并用的攀爬方法，选择自己喜欢的方式爬高、翻越关卡。

大班活动目标：

练习多种攀爬方法，选择自己喜欢的方式爬高、翻越关卡。

活动准备：

攀爬架 1 个、火焰道具若干。

活动玩法：

从起点出发，用不同的攀爬技巧翻过障碍前进，到达终点。

龙宫夺宝

活动总目标：

（1）学习挥臂向上跳的技巧。

（2）跳跃触碰不同高度的物体，发展爆发力、平衡性和下肢耐力。

小班活动目标：

能双脚并拢轻松自然地向上跳跃，并触碰自己高举双手时手指尖上方 10 厘米的物体。

中班活动目标：

能灵活、协调地向上跳跃，并触碰自己高举双手时手指尖上方 20 厘米的物体。

大班活动目标：

能用屈膝起跳的方式灵活、协调地向上跳跃，并触碰自己高举双手时手指尖上方 25 厘米的物体。

活动准备：

垂吊不同高度的“宝物”、储物筐、各种“兵器”图片。

活动玩法：

身体跳跃将垂吊在上面的“宝贝”摘下来放入储物筐中。

无底洞探秘

活动总目标：

（1）运用钻、爬的方法通过钻筒，顺利到达目的地。
（2）锻炼身体协调性和灵活性。

小班活动目标：

尝试爬过毛毛虫钻筒，体验钻筒乐趣。

中班活动目标：

自由选择通过线路，用爬或钻的方法顺利通过。

大班活动目标：

尝试用钻、爬、跨等方法巧妙钻出地龙。

活动准备：

地龙钻筒一个。

活动玩法：

幼儿运用钻、爬等方式顺利通过关卡。

智过陷空洞

活动总目标:

（1）选择合适的方式，从迷宫中找到正确的路线顺利通过。

（2）锻炼身体协调性和灵活性，增强自信心。

小班活动目标:

能够找到正确的通道顺利通过。

中班活动目标:

用钻、爬、跨等方式顺利通过，找到正确的出口。

大班活动目标:

尝试运用多种方式从洞口顺利通过，找到最近的出口。

活动准备:

搭建迷宫 1 个。

活动玩法:

幼儿从入口出发，运用多种技巧从洞口顺利通过，能够找到正确的道路顺利找到出口。

巧抬经书

活动总目标：

（1）两人合作，运用抬的技巧，沿曲线、折线负重行走。

（2）锻炼身体协调性和灵活性，增强合作意识。

小班活动目标：

能合作抬一定重量的物品，按路线行走。

中班活动目标：

两人合作抬适重的物品，在曲线、折线路上行走。

大班活动目标：

尝试运用多种方式抬适重的物品，在曲线、折线路上行走。

活动准备：

担架、重物、曲线路线、折线路线。

活动玩法：

两人一组，用担架抬取一定重量的物品，按照规定路线合作完成运送任务。

巧运经书

活动总目标：

（1）能够背一定重量的物品行走，保持平衡。

（2）练习过荡桥的技巧，锻炼平衡能力和腿部肌肉的力量。

（3）遵守游戏规则，体验游戏带来的乐趣。

小班活动目标：

尝试背“经书”从荡桥上通过，练习平衡能力。

中班活动目标：

能够背“经书”从荡桥上通过，提高平衡能力。

大班活动目标：

背“经书”能顺利地从荡桥上通过，发展平衡能力。

活动准备：

“经书”包袱、“万能工匠”。

活动玩法：

幼儿背上“经书”包袱，依次从起点走到终点，顺利通关。

勇闯披香殿

小班活动目标：

（1）能在 8 ～ 20 厘米高的平衡板上走一段距离。

（2）能平稳地双脚连续向前跳，锻炼下肢力量和身体协调性。

（3）尝试用手脚并用的方式安全爬过矮小的攀爬架。

（4）练习低身钻的动作，锻炼身体的敏捷性、协调性。

（5）尝试用手膝着地的方式向前爬行 5 米左右。

中班活动目标：

（1）能自然协调地在 15 厘米宽、20 厘米高的平衡板上和架桥上行走 5 米左右的距离。

（2）能单脚连续向前跳 5 米左右。

（3）尝试以手脚并用的方式安全地爬攀登架，并能勇敢跳下来。

（4）能采用低身侧钻的动作，锻炼幼儿钻的协调性。

（5）用手膝着地的方法从 40 厘米高的“隧道”中爬行一段距离。

大班活动目标：

（1）携带重物在空架桥、斜坡、双向平衡板上平稳行走 5 米左右。

（2）轻松自然连续地单双脚交替跳，锻炼腿部协调性。

（3）能用助跑跨过 60 厘米高的障碍，锻炼腿部肌肉的力量。

（4）能以手脚并用的方式安全地爬攀登架，并能勇敢跳下来。

（5）练习一腿侧跨低身钻的动作，锻炼身体的敏捷性、协调性。

（6）用匍匐前进的方法从 45 厘米高的“隧道”中爬行一段距离。

活动准备：

万能组合不同梯度的平衡板、空架桥、坡度桥、跳马桩、黄蓝轴组合架、万能工匠三脚架若干、塑料跨栏若干、木质攀登架、黄轮、若干“万能工匠”八角攀登架、不同组合万能管钻爬架若干、万能组合立式架（万能点架、万能管架）。

车迟国斗法

活动总目标：

（1）看图示学习门球的玩法，小组合作打门球。
（2）练习跑的技能，锻炼手臂控制能力及手眼协调能力，加强动作的灵活性。
（3）喜欢门球游戏，懂得在活动中互相谦让、互相关心。

中班活动目标：

练习手眼协调地向前推球。

大班活动目标：

同伴合作，按规则进行对抗游戏。

活动准备：

拱形球门、球棍、记分牌、奖励粘贴。

活动玩法：

自由选择球队，熟悉规则，听哨声开始游戏。三局两胜，胜者可以得到小粘贴作为奖励。

大战红孩儿

活动总目标：

（1）练习投远、掷准，锻炼手臂的力量和手眼协调能力。

（2）体验投掷成功的喜悦。

小班活动目标：

自然向前投掷 2 米左右。

中班活动目标：

能单手向前投掷 4 米左右。

大班活动目标：

尝试目测瞄准距离，运用适当力度投准目标。

活动准备：

沙包、报纸球、小皮球。

活动玩法：

幼儿扮演孙悟空，自由选择投掷器械，用正确的投掷姿势进行掷远、掷准的练习。

欢乐花果山

活动总目标：

（1）玩吊环，发展手臂力量。
（2）玩秋千，感受荡秋千的快乐。
（3）尝试攀爬网架，增强胆量与身体协调性。
（4）按照操作单摘相应数量的水果或“种”到对应位置。

小班活动目标：

任意摘取 4 个水果或将水果种到较低位置。

中班活动目标：

按照任务单摘取相应数量水果或将相应数量的水果“种”在中间位置。

大班活动目标：

按照任务单摘取相应数量水果或将相应数量的水果“种”在较高位置。

活动准备：

自制水果、任务单、自制腰带、小筐。

活动玩法：

（1）扮演摘果人，按照小筐上的任务单的提示，爬上网架摘取相应数量的水果。
（2）扮演种果人，按腰带任务单上的数量和位置要求，爬上网架“种”水果。

火眼金睛

活动总目标：

（1）看图自选器材完成滚动任务。

（2）练习平稳地沿直线向前滚动物体，发展身体平衡能力和协调能力。

（3）喜欢滚动物体的游戏，建立初步的社会责任意识。

小班活动目标：

练习沿直线滚动物体向前行走，知道要把垃圾放入垃圾箱。

中班活动目标：

熟练推动滚筒向前行走，并按照要求对垃圾进行分类。

活动准备：

自制滚筒（带有数字）、碎草片、垃圾桶。

活动玩法：

自选一辆清洁滚筒，按照要求粘取散落在地上的“垃圾”，并按照要求对垃圾进行分类。

丝绸之路

活动总目标：

（1）依据游戏玩法提示，练习拉的方法，锻炼手臂力量。

（2）按照任务单完成相应的任务，培养规则意识。

（3）积极参与游戏，并能够坚持到底。
（4）学习信号标志，了解交通规则。

小班活动目标：

练习在平稳的道路上拉小车。

中班活动目标：

练习按照路线拉小车，并完成简单的任务，了解基本的道路交通规则。

大班活动目标：

能熟练地拉车前进完成运送任务，遵守道路交通规则。

活动准备：

任务单若干、货物若干、小车。

活动玩法：

按照任务单的要求将货物送到指定的地方，然后按照正确路线返回。

无师自通

游戏总目标：

（1）从多种器械中自选器械，发展手部肌肉并锻炼手眼协调能力。
（2）积极参与游戏，体验合作游戏的乐趣。

小班活动目标：

尝试创意拼搭感统器材，感受游戏的乐趣。

中班活动目标：

同伴合作创意拼搭组合器材，感受组合玩具的变化。

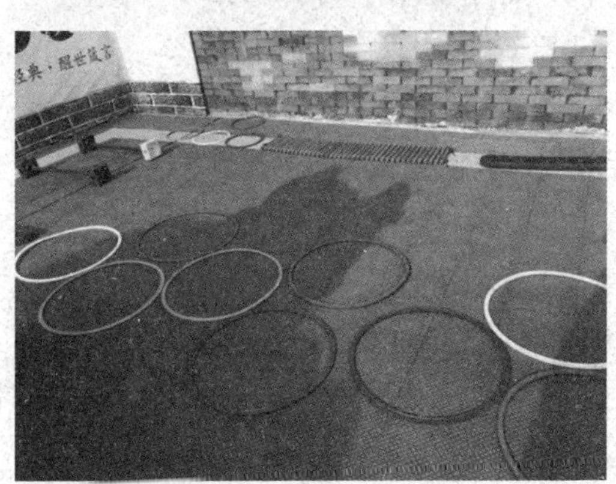

大班活动目标：

同伴合作创意拼搭出立体造型，并探索多种玩法，体验活动的乐趣。

活动准备：

感统器材。

活动玩法：

幼儿自选感统器材，可以按要求图例方法进行练习，也可以自己创新玩法。

嬉戏蟠桃园

活动总目标：

（1）自选攀爬器械，按照提示要求完成“摘桃”“种桃”的游戏任务，复习分类，认识数与量。

（2）克服畏高的心理，大胆进行攀爬活动，锻炼勇敢品质。

（3）体验攀爬活动的乐趣，遵守游戏规则。

小班活动目标：

能手脚并用进行攀爬。

中班活动目标：

能攀爬到较高的位置，勇于挑战。

活动准备：

小猴、仙女头饰若干，带数字的背筐，带任务单的背包，大小不同的水果若干。

活动玩法：

（1）幼儿扮演小猴子，按照筐上的数字提示，爬上攀爬架摘取相应数量的“仙桃”。

（2）幼儿扮演仙女，按背包上任务单的要求，爬上攀爬架“种仙桃”。

智取紫金铃

活动总目标：

（1）依据游戏玩法图示，选择正确的路线完成放真铃、送假铃的任务。

（2）练习攀登、攀爬、下滑、钻等运动技巧。

（3）树立责任感和正义感，体会关心和帮助他人的快乐。

小班活动目标：

会看简单的路线提示，练习攀登、下滑等运动技能。

中班活动目标：

会看简单的路线图，练习攀爬、钻、攀登和下滑等运动技能。

大班活动目标：

会按照路线图提示，熟练运用攀爬、钻、攀登和旋转下滑等运动技能完成任务。

活动准备：

大滑梯、铃、任务单、路线图。

活动玩法：

领取任务，按照任务单提示，沿规定路线完成取真铃、送假铃的任务。

户外混龄游戏运动量统计

统计方法：

孩子们将自己获得的手环按颜色分类挂在相应的位置，教师根据手环统计出幼儿在各区域的参与情况。

小班手环统计

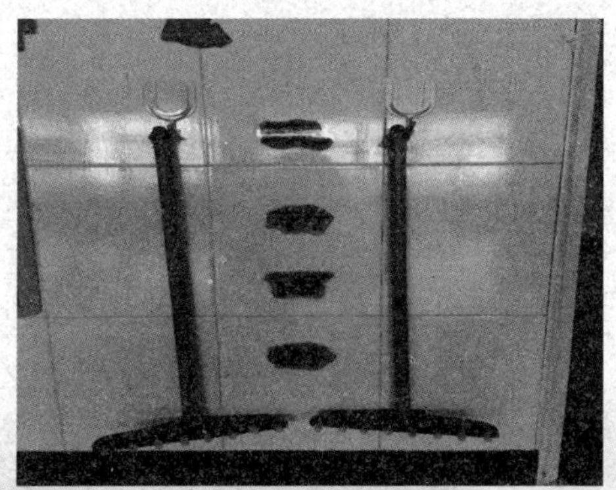

小班手环统计

统计表（示例）：

班级：　　　　　　　　　　　　　　　　　　　　日期：

序号	1	2	3	4	5	6	7	8	9	10	11	12
区域名称	取经上路	智取紫金铃	欢乐花果山	嬉戏蟠桃园	大战红孩儿	车迟国斗法	趣搭沙王国	无师自通	火眼金睛	丝绸之路	勇闯披香殿	八戒降妖魔
颜色	大红	深蓝	夜光橙	玫红	碧蓝	草绿	黑色	粉色	橙色	紫色	黄色	白色
颜色图片			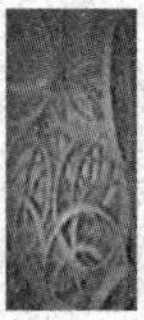		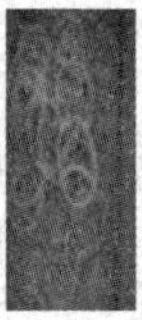						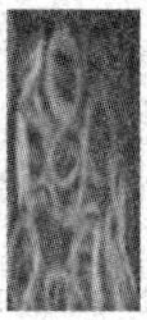	
数量												

实践活动篇

主题实践活动是一种综合性活动，涵盖多个领域，内容上注重知识的广度与宽度。在主题活动的开展上，我们注重幼儿的亲身体验。如：在“龙头聚首　自信相伴”主题下开展的开笔礼实践活动；在“共忆清明　惜时相伴”主题下开展的种植实践活动；在“君子立品　德才相伴”主题下开展的“儒韵古幼庆端午　浓情蜜意品粽香”实践活动等。围绕传统节日开展的特色实践活动不仅提高了幼儿的综合能力，更让全体师幼接受了心灵上的洗礼和智慧上的启迪。我们还利用每天的早入园、晚离园、午散步等零散时间，组织幼儿诵读经典，感受中华古诗词的独特魅力，真正做到“传承经典，弘扬文化”。

“龙头聚首　自信相伴”开笔礼活动

每年的二月初二是我国的传统节日——春龙节。在这一天，我们会和老师一起去老龙头景区，参加开笔礼活动，不但能感受传统民俗文化的独特魅力，还能通过修正衣冠、朱砂启智、开笔习书、击鼓明志等多个活动传承和学习我国文化精髓，真是满满的仪式感呢！你喜欢这个开笔礼活动吗？可以和我一起相约老龙头景区哦！

教育指导建议：

开笔礼，是中华传统习俗中对儿童识字习礼的启蒙仪式，俗称“破蒙”。通过我园开展的“龙头聚首　自信相伴”春龙节系列主题教育活动，不仅让孩子们感受到传统民俗文化的独特魅力，更增强了其民族自豪感。

“十里春风添绿意　家园携手柳成荫”亲子种植活动

四月是春回大地、春暖花开的好时节。你看，宝贝和爸爸妈妈组成了挖坑、扶树、填土、浇水小分队，将自己喜欢的树种在道路两侧的绿化带内，然后写好心愿卡，系在树枝上。哇！真的好有成就感啊！宝贝们用充满爱心的行动和童稚的语言纷纷表达了对树木的爱护和祝福。

教育指导建议：

《幼儿园教育指导纲要》指出：幼儿园教育应尽量创造孩子参与实际探究活动的机会，使孩子们能够亲身体验探究的过程以及方式。通过本次活动，不仅加深了孩子们对树木的认知，更增强了他们的环保意识。同时，促进了家园之间、师幼之间的互动。这一活动让幼儿有了亲近自然、了解自然、保护自然的体验，为他们的童年生活增添了色彩，也为我们的城市增添了绿意。

“儒韵古幼庆端午　浓情蜜意品粽香”主题实践活动

每年农历的五月初五，是中华民族的传统节日——“端午节”。你知道吗？在这一天，我们会把搜集的端午节知识和小伙伴们一起分享。看我们自己布置的主题墙，有形状不一的大粽子、有散发着清香的五彩香袋、有漂亮的五彩绳，还有小伙伴设计的赛龙舟，真是处处彰显了节日的氛围呢！我们还和老师一起画彩蛋、包粽子、赛龙舟，别提多开心了！

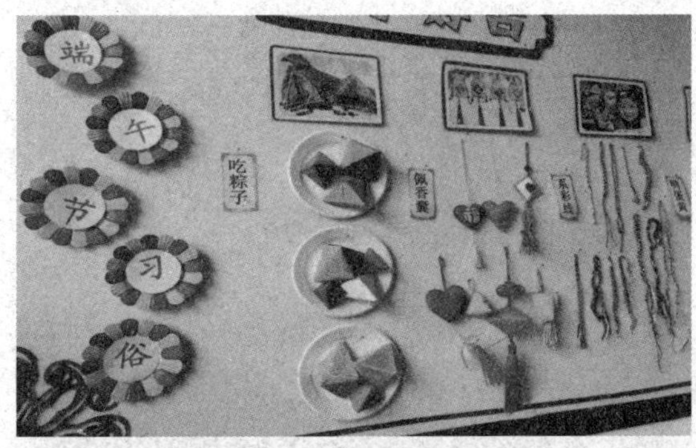

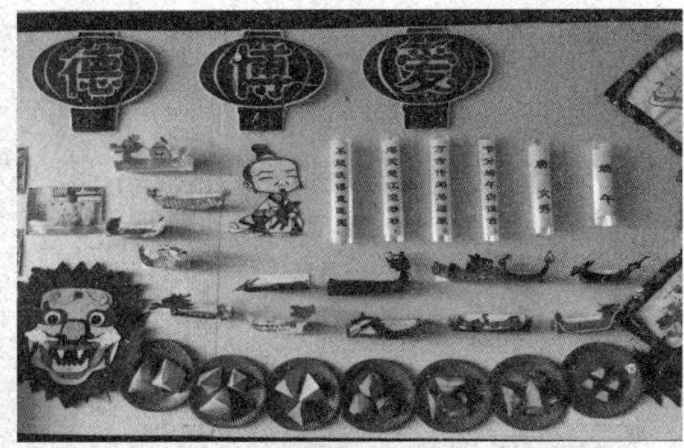

教育指导建议：

《3～6岁儿童学习与发展指南》中指出：体验是幼儿重要的学习方式，是认识和态度形成的基础。我园秉承“明理修德　快乐成长”的教育理念，致力于“传承民族文化”的研究，通过开展形式多样的活动让孩子们感知端午、走进端午、品味端午，用心体会传统节日的习俗与文化，为孩子们的童年留下了一个传统的、具有民族特色的节日印记，为孩子们埋下“爱我中华”的种子。

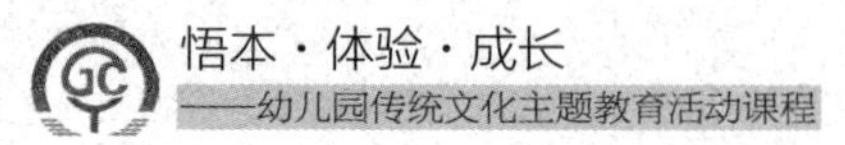

“儒韵古幼展风采”大型展演活动

六月的阳光灿烂辉煌，六月的大地格外美丽。你们瞧！“儒韵古幼展风采”大型展演活动开始了。戏曲社团的小朋友带来了《红灯记》《智取威虎山》《卖水》等节目，真是京韵十足。哇！大哥哥们的武术表演也是相当精彩，他们的动作孔武有力，好生威风！在这样的活动中，我们充满了自豪感和成就感，因为我们用自己的表演去传承中国的优秀传统文化，展现出了中华民族真正的文化魅力。

教育指导建议：

《幼儿园教育指导纲要》指出：幼儿艺术活动的能力是在大胆表现的过程中逐渐发展起来的，教师应激发幼儿感受美、表现美的情趣，丰富他们的审美经验，使之体验自由表达和创造快乐。本次活动，通过“扬文化、诵经典、唱国粹”的形式为每个孩子提供了展风姿、献才艺的平台。孩子们的精彩演出和儒雅风范，为他们日后的发展打下了扎实的“中国”根基，同时也让孩子们真正感受到了节日的喜庆氛围。

“饼香情浓话中秋　红旗飘扬颂祖国”主题教育活动

今年的国庆恰逢中秋，在这个特殊难忘的节日里，我们进行了庄严的升旗仪式。你瞧。我站得多精神！我们唱红歌、画国旗、绘制中秋民族大团结长卷，活动可丰富啦！我最喜欢“做月饼、品饼香”这个环节啦！老师说，这样丰富多彩的活动不仅可以加深我们对中秋节的理解，也能让我们亲身感受到中华民族独具魅力的文化底蕴，这真是太棒啦！

教育指导建议：

《幼儿教育指导纲要（试行）》中指出：要引导幼儿实际感受祖国文化的丰富与优秀，激发幼儿爱家乡、爱祖国的情感，开展爱国主义教育。中华民族五千年的悠久历史，积淀着许多具有浓厚东方色彩的传统节日。文化是民族的，而节日正是传承民族文化的载体。本次活动，不仅让孩子们潜移默化地感受到中华民族独具魅力的文化底蕴，更激发了孩子们的爱国之情，让他们感受到了传统节日的独特魅力。

“爱满重阳情意浓　雏鹰献爱在行动”敬老活动

金秋送爽来，重阳佳节到。在这一天，宝贝们用自己的行动表达了对长辈们的浓浓“爱意”。快看！他们有的在帮奶奶捶背，有的在帮姥姥倒茶，还有的宝贝为爷爷、奶奶精心制作了“感恩贺卡”，送上了他们美好的祝福。

教育指导建议：

《3～6岁儿童学习与发展指南》中指出：要引导幼儿尊重、关心长辈和身边其他人。此次活动，不仅满足了幼儿感谢、关心长辈的美好愿望，表达出他们对爷爷奶奶的尊敬、感恩之情，还让宝贝们懂得了尊老、敬老是中华民族的传统美德，让关心、孝心在每个孩子的心中发芽生长，为他们的人生保驾护航。

“中国娃　中国味儿　中国年”庆元旦主题实践活动

元旦是新一年的开端，是我们国家非常重要的传统节日。为了迎接这个特殊而又有意义的日子，我们围绕新年这一传统节日开展了元旦主题实践活动。快来看看出自孩子们、老师们和家长们的手工作品吧：迎新的春联、吉祥的福字、漂亮的窗花、火红的灯笼、喜庆的鞭炮……大家欢欢喜喜地享受着节日的快乐，潜移默化地传承着中华优秀传统文化。

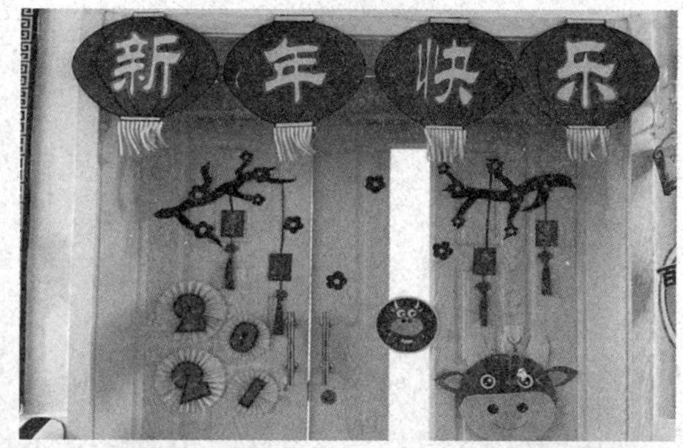

教育指导建议：

《3～6岁儿童学习与发展指南》中指出：幼儿的学习是以直接经验为基础，在游戏和日常生活中进行的。要珍视游戏和生活的独特价值，创设丰富的教育环境，最大限度地支持和满足幼儿通过直接感知、实际操作和亲身体验获取经验的需要。在本次元旦主题实践活动中，教师给孩子们的探究活动创造了一个宽松的环境，让每个幼儿都有机会参与尝试。孩子们不仅加深了对中国新年传统文化的了解与热爱，同时也收获了喜悦、收获了幸福。

园所环境篇

园 所 环 境

走进古城幼儿园，仿佛置身于传统文化的海洋，处处体现着祖国文化的博大和精深。

东门厅的古韵轩，是孩子们驻足栖息的观鱼“圣地”；东门厅的文化墙，展现了我园的整体办园理念和发展愿景。

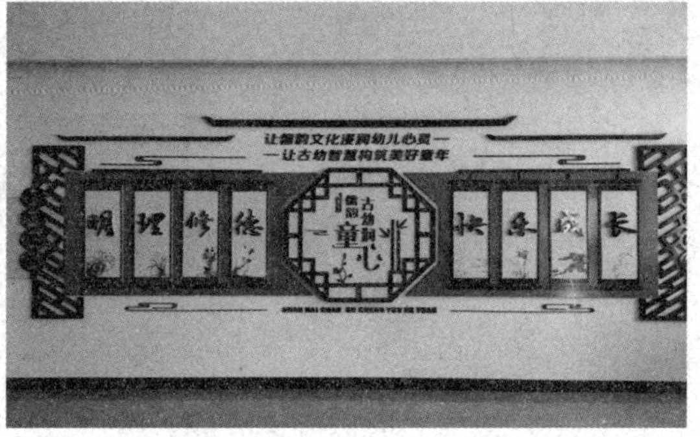

我们的主体教学楼共两层，一楼构建了文化长廊，以传统艺术和民俗文化为主。二楼是国学长廊，以图文相配的《弟子规》和风格质朴的国学展板为主，让孩子们在欣赏美的同时学到知识。

生
丑

第一天
第二天
第三天
第四天

传承民族文化
弘扬书法艺术